能源与电力分析年度报告系列

2018

世界电力行业跨国投资分析报告

国网能源研究院有限公司　编著

中国电力出版社
CHINA ELECTRIC POWER PRESS

内 容 提 要

《世界电力行业跨国投资分析报告》是能源与电力分析年度报告系列之一，主要对世界电力行业跨国投资情况和投资特点进行跟踪分析，研究电力行业投资环境和发展趋势，为我国电力企业开展跨国投资、服务"一带一路"建设提供借鉴和参考。

本报告分析了世界电力行业跨国投资整体情况，对未来投资趋势进行研判；从电力行业跨国投资特点、重点国家电力行业投资环境和典型投资案例等方面对各地区电力行业跨国投资展开分析；研究中国、欧美和日本电力企业跨国投资特点；对中国与"一带一路"沿线国家电力合作进行专题分析。

本报告可供能源电力行业研究人员和政策制定者参考使用。

图书在版编目（CIP）数据

世界电力行业跨国投资分析报告.2018/国网能源研究院有限公司编著.—北京：中国电力出版社，2018.11
（能源与电力分析年度报告系列）
ISBN 978 - 7 - 5198 - 2650 - 5

Ⅰ.①世… Ⅱ.①国… Ⅲ.①电力工业－工业企业－对外投资－研究报告－世界－2018 Ⅳ.①F416.61

中国版本图书馆 CIP 数据核字（2018）第 256303 号

出版发行：中国电力出版社
地　　址：北京市东城区北京站西街 19 号（邮政编码 100005）
网　　址：http：//www.cepp.sgcc.com.cn
责任编辑：刘汝青（010-63412382）　曹　慧
责任校对：黄　蓓　王海南
装帧设计：赵姗姗
责任印制：吴　迪

印　　刷：北京瑞禾彩色印刷有限公司
版　　次：2018 年 11 月第一版
印　　次：2018 年 11 月北京第一次印刷
开　　本：787 毫米×1092 毫米　16 开本
印　　张：9.5
印　　数：0001—2000 册
字　　数：128 千字
定　　价：88.00 元

能源与电力分析年度报告

编 委 会

主 任　张运洲

委 员　吕　健　蒋莉萍　柴高峰　李伟阳　李连存

　　　　张　全　王耀华　郑厚清　单葆国　马　莉

　　　　郑海峰　代红才　鲁　刚　韩新阳　李琼慧

　　　　张　勇　李成仁

《世界电力行业跨国投资分析报告》

编 写 组

组 长　马　莉

主笔人　高国伟　徐　杨

成 员　赵　天　冯昕欣　张晓萱　范孟华　梁　才

　　　　林晓斌　李　景　廖建辉　张　凡　曲昊源

　　　　宋海旭　张笑峰　宋海云　杨　素　薛　松

　　　　陈珂宁　武泽辰　赵　铮　胡　源　唐程辉

　　　　李　睿

前　言

国网能源研究院多年来紧密跟踪世界电力行业跨国投资动态和投资趋势、不同地区电力行业跨国投资环境和重要交易案例、国内外主要电力企业跨国投资特点等，形成年度分析报告，为政府部门、电力企业和社会各界提供有价值的决策参考和信息。

中国电力企业国际化进程正在加快。国内主要电网企业、发电企业发挥技术、资金、管理等方面优势，在海外开展了存量电力资产并购、电力绿地投资等业务，海外资产规模快速增长，已经成为国际电力行业重要的跨国投资者。中国电力企业跨国投资整体上保持了较好的投资收益，对促进企业高质量发展发挥了重要作用，也为改善当地基础设施、提升当地营商环境、提高当地民众生活水平做出了贡献。随着"一带一路"建设的深入推进，中国电力企业跨国投资将会进一步扩大规模、提升质量，在国际电力行业的影响力将进一步提升。

当前，世界电力行业跨国投资面临复杂形势。第一，投资壁垒加剧。近年来贸易和投资保护主义日趋严重，电力行业作为关系国计民生的重要基础设施行业，欧美国家以国家安全、反垄断等借口加强了对电力行业跨国投资的审核。第二，竞争压力增大。作为公用事业行业，电力行业投资收益相对稳定，在当前世界范围内货币流动性充足的背景下，电力资产吸引了各类投资者的关注，优质资产溢价较高。第三，市场环境更加复杂。新能源、储能、微电网、需求侧响应、电动汽车充换电、综合能源服务等新技术、新业态不断涌现，商业模式不断创新，对投资者市场分析能力提出了更高要求。

在这样的形势下，持续跟踪、系统分析世界电力行业跨国投资的最新进展和发展趋势，可以为中国电力企业深入了解投资环境、把握市场机遇、管控投资风险、提升国际化经营水平提供重要参考。为此，本报告对 2017 年至今全球电力行业跨国投资最新动态进行跟踪，对世界主要地区的电力投资环境和典型案例进行梳理，对主要电力企业跨国投资情况进行分析，并对"一带一路"沿线国家电力合作进行专题分析。

本报告共分为 7 章。第 1 章对世界电力行业跨国投资整体情况进行了分析，梳理了电力行业最新投资进展和各区域投资动态；第 2～5 章分别针对各地区的特点，从电力行业跨国投资概况、投资环境和投资案例三个方面进行分析；第 6 章对中国、欧美和日本主要电力企业的跨国投资情况进行了分析；第 7 章对中国与"一带一路"沿线国家电力合作的现状、趋势、政策和重点领域进行了专题研究。

本报告中概述、第 5～7 章由高国伟主笔；第 1 章和第 2 章由徐杨主笔；第 3 章由冯昕欣主笔；第 4 章由赵天主笔。全书由马莉、高国伟统稿。李晓冬、张高、孙玉萍、王仪浦、怀允博、那兴宇等实习生协助整理了部分数据资料。

限于作者水平，虽然对书稿进行了反复研究推敲，但难免仍会存在疏漏与不足之处，恳请读者谅解并批评指正！

编著者

2018 年 11 月

目　录

前言

概　　述

2017 年，在全球跨国投资整体下降的背景下，电力行业跨国投资较快增长，收益相对稳定的电力资产受到各国投资者欢迎。世界不同区域电力跨国投资各具特色，欧美发达国家法律健全、并购机会多，但对外国投资者限制增加；亚洲、南美洲和非洲绿地项目投资需求旺盛，是重要潜力市场。中国电力企业成为重要国际投资者，与欧洲和北美洲电力企业及国际投资基金同台竞争。"一带一路"倡议为国际电力合作注入了新动力，对跨国电力投资具有积极的促进作用。

（一）世界跨国投资整体情况

（1）逆全球化思潮和保护主义抬头趋势明显，主要发达国家均加强了对外国投资的审核。美国外资投资委员会（CFIUS）以国家安全为由否决的投资交易整体呈现快速上升趋势，2017 年达到 170 个，创下历史新高。德国 2017 年出台新措施，大幅度扩大对欧盟以外投资者的审查范围和权限，并积极推动欧盟层面出台统一的投资审查措施，欧盟对外国投资者态度渐趋保守。2017 年，国外投资者在澳大利亚被否决、被迫撤回或者被监管机构要求修改交易条款的案例迅速增加。

（2）受到投资壁垒加剧、经济复苏前景不明确等因素影响，2017 年世界范围内跨国投资大幅下降。2017 年，全球外国直接投资（FDI）规模下降 23％，其中发达经济体 FDI 流入量大幅下降 37％。尽管跨国投资总规模下降，但全球最大的 100 家跨国企业海外资产、海外收入、海外员工规模均快速增长，跨国企业在国际经济舞台的影响力进一步提升。

（二）世界电力行业跨国投资整体情况

（1）世界电力行业跨国投资并购规模逆势增长。2017 年全球电力与公用事业行业并购交易额达 3018 亿美元，较 2016 年增长 3.1％，交易额和交易量（516 笔）均为近 10 年来最大值。

（2）发达国家电力资产、投资回报稳定的输配资产最受投资者欢迎。从交易发生的地区来看，电力行业跨国并购仍然集中在市场环境较好的发达国家。

2017 年北美洲电力与公用事业行业并购交易额占全球总额的 45%，欧洲占 25%，亚洲占 13%，大洋洲占 10%，南美洲占 6%，非洲仅占 1%。从交易资产的类型来看，输配电及输配气资产交易额最高，其次为可再生能源、传统能源发电和一体化资产。

（3）电力行业新技术、新业态成为跨国投资重要增长点。电力企业加大了对储能、电动汽车充电、人工智能、需求侧响应等新技术和新业态的投资并购力度，互联网企业也积极参与电力行业新技术投资。

（三）各区域电力行业跨国投资整体情况

（1）欧洲。欧洲法律制度健全，监管制度完善，投资环境较好，是并购交易的热点地区；电力需求增长缓慢，大型绿地项目投资机遇较少，主要增长点在于存量资产并购项目和中小型新能源及配套电网绿地项目；财务投资者较为活跃，各类投资基金积极参与欧洲电力资产投资。

（2）美洲。北美洲电力行业相对封闭，北美洲之外投资者进入难度较大；南美洲不断推动电力资产私有化进程，投资环境显著改善，并购市场更加活跃；南美洲电力投资需求旺盛，大型发电项目和输配电项目投资潜力较大；中国电力企业已经成为南美洲市场的重要参与者，影响力不断提升。

（3）亚洲和大洋洲。亚洲电力需求增长较快，未来 20 年内电力投资约占全球的一半；亚洲部分新兴大国电力市场化改革和私有化改革进程加快，对跨国投资者的吸引力提升；澳大利亚电力资产私有化进程持续，但对外国投资者的限制增加。

（4）非洲。非洲电力需求快速增长，低碳转型趋势明显，清洁能源、电网投资潜力巨大；电力行业投资环境相对较差，但近年来明显提升；大部分国家电力行业由国有企业主导，私有化进程缓慢，存量资产并购机遇较少；绿地项目是跨国投资的主要形式，资金主要来源于国际组织、国际金融机构和援助基金。

（四）世界主要电力企业跨国投资情况

（1）中国电力企业。海外投资规模迅速增长，未来海外投资进程将进一步加快；海外发电资产主要分布在东南亚，以绿地项目为主，水电和火电占比较高；海外电网资产主要分布在南美洲、欧洲和大洋洲，以存量资产并购为主。

（2）欧美电力企业。欧洲电力企业国际化程度较高，海外资产规模及占比均领先于其他地区电力企业，主要跨国电力企业均为欧洲企业；美国电力企业整体规模较小，海外资产占比相对较低；在欧美国家电力需求增长缓慢的背景下，欧美电力企业加大对发展中国家市场的关注力度，对发展中国家新能源资产投资的热情较高。

（3）日本电力企业。在国内电力需求下降的背景下，日本电力企业加快海外投资步伐；日本电力企业海外资产以发电资产为主，燃气发电占比最高，海外电网资产规模较小；东南亚和美国是日本电力企业的主要海外市场。

（五）中国与"一带一路"沿线国家电力合作情况

（1）现状与潜力。目前，"一带一路"沿线国家人均用电量整体远低于世界平均水平。2017年，"一带一路"沿线国家人均用电量为1453kW·h/年，仅相当于世界平均水平（2828kW·h/年）的一半左右。预计2018～2040年间，"一带一路"沿线国家电力需求年均增长率为3.2%，仅次于非洲（4.0%）；电力投资规模占世界的比重约31%，新增投资规模高于北美洲、西欧、非洲、拉丁美洲等地区，也高于同期中国电力投资规模。

（2）重点领域与举措。中国与"一带一路"沿线国家在电力合作方面成效显著，未来可在电力产能合作、核电投资运营、电网互联互通方面加大合作力度，提升电力合作规模与合作层次。

在电力产能合作方面，创新合作模式，从单一环节合作向全产业链合作模式转变，为"一带一路"沿线国家提供规划设计、运维管理、技术标准等方面的咨询服务，打造具有全产业链一体化服务能力的跨国电力企业；从简单的产品、服务合作向技术、标准合作模式转变，提升"一带一路"沿线国家在国际电力标准领域的影响力和话语权。

在核电投资运营方面，加强产业链上下游协同，联合核电投资企业、核电建设企业、核电装备制造企业、专业技术服务企业形成产业联盟，为"一带一路"沿线国家提供一揽子综合服务；加强政府与企业协同，建立核电"走出去"协调体系，促进国内核电投资、建设、装备制造企业有序竞争。

在电网互联互通方面，规划先行，加强与区域合作组织及相关国家政府在电网规划领域的合作，积极参与相关国家的电网建设规划和跨国联网规划；创新模式，充分发挥上下游一体化优势，以投资、工程承包、装备供货、运营管理、技术咨询等多种方式参与电网互联互通项目，探索通过 PPP 等模式解决沿线国家资金短缺问题；循序渐进，在电力工业基础比较薄弱的国家，先从国内电网升级改造、低电压等级跨国电网入手，待电力需求提升后，再升级、扩建为高电压跨国电网；积极稳妥，优先推动经济性好、条件成熟、风险较小的项目，确保项目具有成熟的商业模式和可持续盈利能力，高度重视风险防范。

1

世界电力行业跨国投资整体情况分析

1.1 世界跨国投资整体情况分析

1.1.1 投资概况

(1) 2017 年全球跨国投资总量下降，预计未来两年将小幅增长。2017 年全球外国直接投资（FDI）下降至 1.43 万亿美元，同比下降 23%，主要缘于跨境并购大幅下降、全球经济增长乏力、投资保护主义抬头和地缘政治风险持续。随着主要经济体增长预期向好、贸易增长复苏以及企业利润上升，预计 2018 年全球外国直接投资将小幅增长 5%，但规模仍将低于过去十年的平均水平。

(2) 全球跨国投资下降主要由发达经济体和转型经济体外资流入下降导致。从区域层面看，北美洲（下降 39%）、欧洲（下降 41%）、转型经济体（下降 27%）和非洲（下降 21%）FDI 流入量的下降，导致全球外国直接投资流入量下滑。美国和英国主要由于 2016 年几宗大型并购交易带来的 FDI 流入量飙升，2017 年 FDI 出现大幅下降。其中，美国 FDI 流入量为 2750 亿美元，同比下降 40%，但仍是全球最大的 FDI 流入国。英国 FDI 流入量仅 150 亿美元，同比下降 92%。受地缘政治不确定性、自然资源领域外资吸引力不足等影响，非洲外国直接投资流入仅 420 亿美元，同比下降 21%；东南欧与独联体等转型经济体外资流入 470 亿美元，同比下降 27%。

(3) 流入非洲以外的发展中经济体外资水平小幅增长。2017 年发展中经济体外国直接投资流入量为 6710 亿美元，与 2016 年持平，占全球外国直接投资的比重为 47%。其中，亚洲外国直接投资流入保持稳定，达 4760 亿美元，成为全球吸引外资最多的地区。拉丁美洲和加勒比地区由于持续经济复苏，外国直接投资流入出现六年来的首次增长（增长率 8%），达 1510 亿美元，见表 1-1。

表 1 - 1　　　　　　　　　世界各地区 2017 年 FDI 流入情况

地　　区	FDI 流入量（亿美元）	占全球比重（%）	增长率（%）
发达国家	**7120**	**50**	**－37**
其中：欧洲	3340	23	－41
北美	3000	21	－39
发展中国家	**6710**	**47**	**0**
其中：非洲	420	3	－21
亚洲（不包括日本）	4760	33	0
拉丁美洲和加勒比地区	1510	21	8
转型经济体	**470**	**3**	**－27**
全球总计	**14 300**	**—**	**－23**

数据来源：联合国《世界投资报告 2018》。

（4）受到投资回报率下降、投资保护主义等因素影响，全球跨境并购出现明显下滑。 2017 年全球跨境并购交易额下降 23%，约为 6660 亿美元，但仍达到 2007 年以来第三高的水平。其中，发达经济体跨境并购交易额下滑 30%，约为 5530 亿美元。发展中经济体的跨境并购在 2016 年大幅下降之后，2017 年上升了 44%，达到 1000 亿美元。与其他发达地区相比，欧洲的跨境并购依然低迷。在发生多起撤资事件后，自然资源领域的跨境并购尤其低迷，制造业跨境并购的增长速度也有所放缓。服务业跨境并购相对较好，但也出现下降。2017 年，服务业跨境并购交易额占全球并购交易总额的 60% 以上。

（5）全球 100 大跨国公司境外业务规模进一步扩大，主要分布于科技、能源资源、汽车和飞机及医药领域。 2017 年海外资产规模排名前 100 的非金融类跨国公司海外资产规模达 9 万亿美元，较 2016 年增长 8%；海外业务收入 5 万亿美元，较 2016 年增长 8.5%；海外员工数 976 万人，较 2016 年增长 2.3%。2017 年全球 100 大跨国公司中科技公司有 15 家，采矿和石油、汽车和飞机企业各 13 家，医药企业 12 家，公共事业企业 9 家。

1.1.2 重大政策动态

(1) 促进外国投资便利化依然是多国（尤其是发展中国家）新制定外资政策的主要趋势。2017 年全球有 58 个国家地区共新制定 124 项影响外国投资的政策措施，其中促进投资自由化和便利化的政策措施为 84 项，占相关政策措施总数的 68%。新制定的促进外资便利化的方式主要有：提供税收优惠、简化审批程序、提高金融服务水平和外资持股比例上限、提高经济特区外资优惠程度、开展相关领域私有化、完善 PPP 制度等。

(2) 逆全球化思潮和保护主义抬头趋势明显。美国和欧洲同时是全球化和反全球化的中心，主要根源在于国际金融危机导致的经济衰退以及经济全球化利益的分配不均。近年来，随着美国总统特朗普上台并退出 TPP（跨太平洋伙伴关系协定）、英国脱欧，越来越多的发达国家倾向于实行投资和贸易保护主义，对资本、商品、人员跨国自由流动设置壁垒。

(3) 美国外资投资委员会不断加强对外国投资的国家安全审查，被否决的中国投资交易连年增加，中国企业在美国投资并购面临的政策壁垒还将进一步加剧。美国外资投资委员会是中国企业在美国投资面临的最主要障碍。近年来，美国外资投资委员会以国家安全为由否决的投资交易整体呈现快速上升趋势，2017 年达到 170 个，创下历史新高。中国连续四年成为美国外资投资委员会审查案例最多的国家，且连年增加。2017 年至今，美国外资投资委员会以威胁国家安全为由否决的中国企业并购交易有 12 笔，见表 1-2。

表 1-2　2017 年至今被美国外资投资委员会否决的中国企业投资项目

序号	时间	中国买方	美国标的资产	金额（亿美元）	行业
1	2018 年 3 月	中国重汽	UQM Technologies	0.12	汽车
2	2018 年 3 月	大北农	Waldo Genetics	0.17	食品
3	2018 年 2 月	湖北鑫炎	Xcerra Co.	5.80	半导体

续表

序号	时间	中国买方	美国标的资产	金额（亿美元）	行业
4	2018 年 2 月	蓝色光标	Cogint	3.82	娱乐
5	2018 年 1 月	蚂蚁金服	速汇金	12.00	金融
6	2017 年 11 月	华信能源	考恩集团	2.75	金融
7	2017 年 11 月	东方弘泰	AppLovin	未披露	传媒
8	2017 年 11 月	忠旺集团	爱励铝业	23.30	矿业
9	2017 年 9 月	峡谷桥基金	莱迪斯半导体	13.00	半导体
10	2017 年 9 月	四维图新	HERE	1.20	地图
11	2017 年 7 月	海航集团	全球鹰娱乐	4.15	娱乐
12	2017 年 6 月	TCL	Novatel Wireless	0.50	网络

资料来源：通过相关新闻报道整理。

　　未来，美国将继续加大对外国投资者，尤其是中国投资者的安全审查。2017 年至今，美国国会下属委员会多次建议国会进一步扩大对美国外资投资委员会的授权。2018 年 3 月，美国总统特朗普发起对中国贸易战的同时，要求财政部出台方案，进一步限制中国企业投资并购美国企业。电力，尤其是电网资产作为重要基础设施更容易引起美国政府和舆论关注，是美国外资投资委员会重点审查的对象。

　　(4) 德国等部分欧盟国家加强了对外国投资者的审查，并积极推动欧盟层面出台统一的投资审查措施。欧盟对外国投资者的态度渐趋保守，近年来中国企业在欧盟的投资多次遇到阻碍。欧盟国家也加大了投资审查力度，其中以德国最为积极。2017 年 7 月，德国宣布新的投资法规，大幅度扩大对欧盟以外投资者的审查范围和权限。在德国等欧盟国家的推动下，2017 年 9 月欧盟发布外资审查法律草案。草案规定，当成员国境内的外国投资影响欧盟利益，尤其是涉及高新技术、航空航天、能源等敏感领域时，欧盟将启动审查程序。尽管外资审查法律框架草案还会进一步修改，但是在德国等国家的影响下，欧盟对外国投资者的态度渐趋保守。近年来，中国企业在欧盟的投资多次遇到阻碍，如腾讯等中国互联网企业收购荷兰地图服务公司、中国福建宏芯基金收购德国芯片生产商爱思强、香港长江集团收购西班牙电信旗下英国移动电话业务等交易均被监管机构否决。

(5)澳大利亚也加强了对外国投资者的审查措施，被否决的案例、被迫撤回或者修改交易条款的案例迅速增加。2016 年 3 月，澳大利亚发布新政策，加强对外国投资者的审查。新政策规定，本国企业向外资出售重要基础设施资产时，无论规模大小，都需要通过外国投资审查委员会（FIRB）的正式审查，以确保国家安全。从澳大利亚外国投资审查委员会公布的统计数据来看，近年来澳大利亚对外国投资的干预不断加强，否决的案例数量增加。在未否决的案例中，也对外国投资者采取了更多限制，要求增加交易附加条款，部分投资者被迫撤回申请。澳大利亚外国投资审查委员会要求修改条款的交易从 2013 年的7196 笔增加到 2017 年的 14 491 笔；投资者被迫撤回的交易从 2013 年的 446 笔增加到 2017 年的 1319 笔。

1.2　电力行业跨国投资整体情况分析

1.2.1　2017 年以来电力跨国并购总体情况

(1)从整体规模来看，2017 年全球电力与公用事业行业并购交易额和交易量创 8 年来新高。2017 年全球电力与公用事业行业并购交易额达 3018 亿美元，较 2016 年增长 3.1%，交易额和交易量（516 笔）均为 8 年来最大值，见图 1-1。

(2)从交易发生的地区来看，并购交易仍然集中在市场环境较好的发达国家，交易额最多的国家为美国，其次为澳大利亚。2017 年北美洲电力与公用事业行业并购交易额占全球总额的 45%，欧洲占 25%，亚洲占 13%，大洋洲占10%，南美洲占 6%，非洲仅占 1%，见图 1-2。从交易发生的国家来看，美国由于可再生能源发展迅速和发电资产交易活跃，交易额全球第一，占全球总额

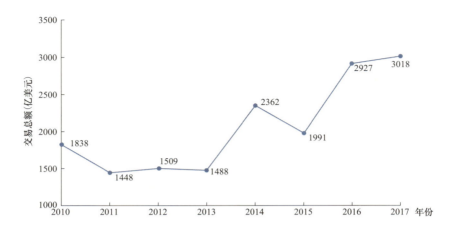

图 1-1　最近 8 年全球电力与公用事业行业并购交易规模

数据来源：为保证历史数据的可比性，图中数据均来源于安永会计师事务所历年

发布的电力与公用事业行业并购交易统计年报。

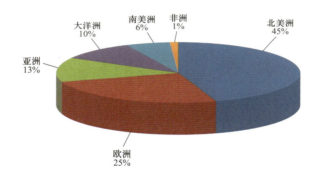

图 1-2　并购交易的地区结构

数据来源：安永会计师事务所 2017 年发布的电力与公用事业行业并购交易统计年报。

的 44％，其次分别为澳大利亚（占 10％）、中国（占 7％）、英国（占 6.6％）和德国（占 6.5％）等，见图 1-3。

　　（3）从交易资产的类型来看，输配电（气）资产交易额最高，其次分别为可再生能源、传统能源发电、一体化资产和其他资产。输配电（气）资产由于能够获得长期稳定的回报，持续受到较多投资者的青睐，交易额占全球的 32％（见图 1-4），且多数投资者为能源电力企业。可再生能源交易额占全球的 21％，较 2016 年大幅增长 150％。传统能源发电和一体化资产（包括水、废水

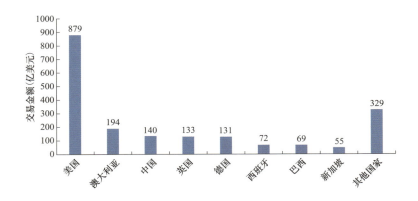

图 1-3 并购交易的主要国家分布

数据来源：安永会计师事务所 2017 年发布的电力与公用事业行业并购交易统计年报。

处理）并购交易金额分别占全球的 19％ 和 18％，主要缘于全球能源转型的推进和综合能源服务领域的快速发展。

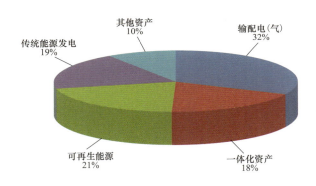

图 1-4 并购交易的行业结构

数据来源：安永会计师事务所 2017 年发布的电力与公用事业行业并购交易统计年报。

（4）从投资主体属性来看，整体上能源企业依然居于主导地位。输配电（气）和一体化资产并购的主体是能源企业，可再生能源资产并购的主体是以跨国投资基金为主的财务投资者。2017 年全球电力与公用事业行业并购交易中，能源企业作为并购主体的交易额占全球的 62％，投资额是跨国投资基金投资额的 1.6 倍。输配电（气）和一体化资产并购中能源企业投资额占 82％，可再生能源资产并购中跨国投资基金投资额占65%，见图1-5。输配电（气）和一体化资产属于典型的技术密集型和资金密集型监管资产，投资回报相对稳定，而具备较强技术水平和资金实力的能源企业一般作为战略投资者，对其长期持有和运营。

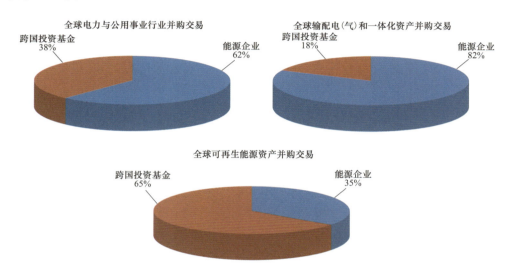

图1-5　投资主体的行业属性结构

数据来源：安永会计师事务所2017年发布的电力与公用事业行业并购交易统计年报。

（5）从投资主体的来源地看，欧洲和北美洲投资者在全球电力与公用事业行业的并购交易额占比均超过1/3，来自亚洲的投资占比提高到1/4。亚洲投资者参与的并购交易规模进一步增加，由2016年占全球的18%上升到24.4%，大洋洲投资者占4.3%，非洲投资者占0.4%，南美投资者占0.2%，见图1-6和图1-7。

（6）从可比交易倍数❶特征来看，成熟市场（如欧洲）和新兴市场（如巴西、智利）的资产价格均处高位。欧洲市场上，德国Allianz资本和加拿大退休

---

❶　可比交易倍数是指，在同行业、可类比的并购交易中，企业价值（EV）与息税折旧摊销前利润（EBITDA）的比值，是广泛使用的并购估值指标。相对于行业平均水平或者历史平均水平，交易倍数提高，说明资产估值上涨、资产价格上升。

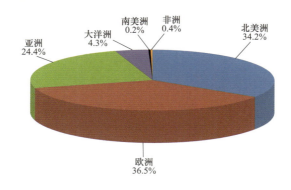

图 1-6　投资主体的来源地区结构

数据来源：安永会计师事务所 2017 年发布的电力与公用事业行业并购交易统计年报。

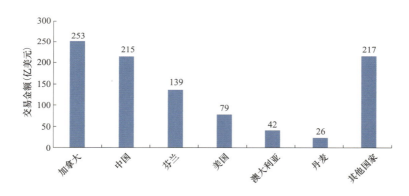

图 1-7　投资主体来源的主要国家分布

数据来源：安永会计师事务所 2017 年发布的电力与公用事业行业并购交易统计年报。

基金组成的联营体收购西班牙 Gas Natural 天然气配售公司 20％股权的交易倍数达 15.67 倍；J. P. 摩根集团组成的联营体收购西班牙 Naturgas Energia 天然气配售公司的交易倍数达 15.7 倍；德国 Allianz 资本组成的联营体收购芬兰 Elenia 电网公司的交易倍数达 17.7 倍。南美市场上，意大利电力公司 Enel 收购巴西 Celg 配电公司的交易倍数达 18.4 倍。

1.2.2　2017 年以来各区域电力跨国投资特点

（一）欧洲市场

一是电力企业加大了对储能、电动汽车充电、人工智能、需求侧响应等新

15

技术和新业态的投资并购力度。如法国 Engie 集团收购储能公司 EPS，意大利电力公司 Enel 收购需求响应服务公司 EnerNOC。**二是互联网企业积极参与能源互联网相关投资**。微软与挪威 Agder Energi 公司合作利用人工智能技术预测电力供需，与 ABB 公司合作利用云计算技术优化电动汽车充电系统。**三是财务投资者在欧洲市场十分活跃**。欧洲央行继续采取宽松的货币政策，资本市场上资金更为充裕，电力与公用事业相关资产，尤其是新能源资产和输配电监管资产吸引了各类投资基金的关注。

（二）北美洲及拉丁美洲市场

一是北美洲新能源并购规模快速增长。美国 2017 年新能源并购交易额比 2016 年增长 107％，主要源于美国多个州政府层面对可再生能源领域的政策支持，投资者主要来自本国或加拿大。**二是拉丁美洲输配电绿地投资需求旺盛**。巴西新建 34 个输变电项目，投资规模达到 40 亿美元；智利、秘鲁也投资建设了一批大型输电项目。**三是中国在拉丁美洲的存量资产并购活跃**。拉丁美洲电力行业相对开放，中国投资者已经成为继欧洲、北美洲投资者之后的重要新兴投资者。2017 年，国家电网、南方电网等中国企业在南美洲开展了较大规模的并购。

（三）亚太地区市场

一是亚洲可再生能源投资显著增长。投资规模同比增长 72％，除中国外，印度、菲律宾等国也成为重要的新能源投资市场。**二是亚洲电力行业改革吸引跨国投资**。菲律宾继续推进电力资产私有化，印度引入零售竞争，将吸引更多国外投资。**三是新能源和储能成为澳大利亚投资热点**。澳大利亚 2017 年 70％的新增装机来自风能和太阳能，新增新能源装机相当于过去 15 年新能源装机总和。为此，澳大利亚更加重视储能投资。2017 年 12 月，特斯拉在澳大利亚建成世界上最大的锂电池蓄电站。

（四）非洲市场

一是项目类型以绿地投资为主，主要是电网新建及升级改造、清洁能源开发和微网系统，传统化石能源发电项目较少。**二是资金主要来源于国际金融机构和援助开发机构**，如世界银行、非洲开发银行、欧洲复兴开发银行、美国国际开发署、日本国际协力机构等，私人投资者和企业投资者参与积极性不高。**三是存量电力资产并购市场开始起步**，目前安哥拉、加纳、肯尼亚等非洲国家已启动电力行业私有化进程，存量电力资产并购市场逐步发展，但国际投资者对投资环境存疑，持观望态度。

1.3　电力行业跨国投资趋势研判

（一）投资规模方面

根据 IEA 预测，2018—2040 年全球电力行业累计投资约 19 万亿美元，其中 2018—2025 年约 6.7 万亿美元，2026—2040 年约 12.3 万亿美元。从区域投资规模来看，亚太地区和欧洲电力投资规模最大，2018—2025 年，亚太地区区域电力投资约 3.5 万亿美元、欧洲约 1 万亿美元，分别占全球电力投资规模的52％和 15％左右。2018—2040 年，亚太地区区域电力投资约 6.3 万亿美元，欧洲约 1.9 万亿美元，分别占全球电力投资规模的 51％和 15％左右。

（二）投资领域方面

一是可再生能源领域投资潜力巨大。尽管 2016、2017 年全球可再生能源投资额有所下降，但其重要原因在于技术成本降低，如太阳能光伏和风力发电能源每兆瓦的平均资本支出正在下降，从而导致投资水平降低。随着能源转型的持续推进，全球可再生能源装机和发电量都在不断增长。IEA 数据显示，截至2017 年底，全球可再生能源累计装机 21.79 亿 kW，其中 2017 年新增装机 1.67亿 kW，同比增长 8.3％。未来随着成本快速下滑、技术进步以及相关政策支持，全球可再生能源投资将保持总体快速增长趋势。

二是输配电资产投资主要集中于智能电网基础设施和电网互联互通建设。输配电资产投资回报相对稳定，对投资者的吸引力将继续超过传统发电资产投资。一方面，多数发达国家将更多投资用于输配电基础设施改善和升级，特别是智能电网基础设施和可再生能源项目的投资，如法国计划每年在输配电基础设施投资超 10 亿美元，以实现更多可再生能源并网发电，美国电力企业也计划每年投资近 200 亿美元改善输配电基础设施。一些发达国家致力于智能化配电基础设施投资，如变电站自动化、故障诊断、隔离和重构、电网监控等方面。对发展中国家，尤其是大多数"一带一路"沿线国家而言，输配电基础设施投资则更多用于提高输配电容量，以满足不断增长的电力需求。

另一方面，为了巩固能源安全、加快低碳转型，实现全球能源资源的优化配置，相关国家和国际组织积极推动扩大电网互联互通。目前，中国正在积极研究推进中俄、中蒙、中巴、中尼、中老、中缅、中缅孟等电网互联互通新建和扩大计划，提升中国与周边国家能源资源优化配置能力。在东南亚地区，东盟提出实现整个东南亚电网一体化的目标。目前，东非、西非、西欧、北欧正在推进各自区域电网互联和跨区域电网互联，相关国家积极支持沙特—埃及、希腊—塞浦路斯—以色列、葡萄牙—摩洛哥、希腊岛屿互联和菲律宾岛屿互联等电网互联项目。

三是储能、微电网、电动汽车、人工智能、需求侧响应等新技术和新业态方兴未艾，将成为未来电力跨国投资并购的又一热点领域。大数据、云计算、物联网、移动终端、虚拟现实等现代信息技术和人工智能快速发展，与能源新技术和新业态深度融合，将加速实现电力系统电力电子化、物理信息一体化和智能化，也对能源电力领域的发展带来了全新的理论技术挑战。

2

欧洲电力行业跨国投资分析

2.1 欧洲电力行业跨国投资概况

（1）欧洲政治局势整体趋稳，但局部政治冲突、难民危机和恐怖主义等非传统安全隐患可能带来不确定性；经济缓慢复苏，整体向好，但欧债危机余波、欧元区内部发展不平衡、英国脱欧进程等，使得欧洲经济危机潜伏。

2017 年欧洲国家大选虽整体平稳，但荷兰、法国和德国大选中出现了不同程度的民粹主义思潮，折射出深层次经济社会矛盾，进一步加剧了欧盟未来的不确定性和离心力。传统党的险胜反映出逆全球化和反对欧洲一体化右翼势力的异军突起，潜在的政党势力变化，可能在未来滋生出局势的不确定性。在安全领域，欧洲的难民危机问题继续发酵，2017 年到达欧洲的难民和移民人数达17 万人，大量难民将给欧洲经济社会状况带来负担，甚至可能引发进一步的潜在冲突。恐怖主义问题呈加剧态势，2017 年西班牙、英国、欧盟和北约总部所在地布鲁塞尔多次遭到恐怖袭击。

2017 年，欧盟自国际金融危机以来第一次所有成员国经济都保持增长。整体上看，欧盟经济复苏态势向好——就业回升、通胀适度。根据 2018 年初欧盟统计局发布的数据，2017 年欧元区 19 国和欧盟 28 国 GDP 较 2016 年平均增长2.5％，创近十年以来最高增速；平均失业率降低到 9％以下；通货膨胀率持续稳定在 1.3％左右。据欧盟委员会预测，2018 年欧元区和欧盟 28 国 GDP 都将实现 2.1％的增长，2019 年预计为 2.0％。2017 年欧洲国家财政赤字明显改善，但欧洲经济复苏仍面临诸多不确定因素。从内部看：欧债形势依然严峻，2017年，欧盟有 14 个成员国的债务占 GDP 的比重超过 60％，欧盟的平均负债水平从 60.8％上升到 81.6％；失业率虽明显降低，但仍高于金融危机前水平；欧元区经济体之间债务率、失业率存在结构性差异，欧元区体制存在不稳定性；未来欧洲央行货币政策宽松规模削减；英国脱欧进程将加剧欧盟内部的不稳定性，使欧盟自由贸易进程放缓。从外部看：贸易摩擦加剧、地缘政治局势紧张、高油价推动成本上升等因素都会阻碍经济增长，特别是美国近期推行的贸易保护主义政策和财政刺激政策，将给欧元区经济复苏带来威胁。

（2）欧洲国家电力行业投资环境整体较好，市场机制和监管体系完善，法律制度健全，西欧国家电力行业投资环境明显优于中东欧国家。

从整体营商环境来看，根据世界银行发布的《2018年营商环境报告：改革以创造就业》，全球营商环境进步最快的10个国家中有4个位于欧洲，包括丹麦、英国、挪威和瑞典。欧洲约有79%的经济体实行了至少一项营商法规改革，成为营商环境有所改善的经济体占比最高的地区。由于多年来一直积极致力于改善营商环境，该地区开办新企业耗时从2003年的43天缩短为目前的10.5天。

从欧洲国家电力行业整体投资环境来看，根据2018年第三季度国际商业情报机构（BMI）对欧洲国家电力行业投资环境的评估结果，欧洲国家电力行业风险收益指数（Risk/Reward Index，RRI）指数平均为53.2，高于世界平均水平50，略低于亚太地区平均水平54.5。其中，西欧国家电力行业RRI平均为60.3，明显高于中东欧国家平均水平46.5。

（3）未来20～30年内欧洲电力需求保持缓慢增长，能源转型步伐加快，未来电力投资规模较大，风电、地热发电和光伏发电增长速度较快。

欧洲发达国家电力基础设施日趋老化，中东欧多国电力基础设施薄弱，亟须升级改造。欧盟计划到2030年将跨国输电能力提高1倍，欧非、欧亚电力联网以及欧洲内部电网互联等将扩大欧洲电力投资建设需求。根据IEA预测，欧洲电力需求将从2016年的3555TW·h上升到2040年的4005TW·h，年均增长率0.5%，低于世界电力需求平均增幅（1.7%）1.2个百分点。欧盟电力需求年均增长率0.3%，需求规模约占欧洲总需求的77%。2017—2040年间欧洲电力行业投资规模约29 600亿美元，占世界电力行业投资总额的15%，仅次于亚太地区所占比重（51%），高于北美洲和非洲所占比重。2017—2040年间欧洲发电投资规模约为电网投资规模的2倍，发电投资规模19 300亿美元，占欧洲电力行业投资总额的 65％；电网投资规模 10 310 亿美元，占 35％，见表 2 - 1。

表 2 - 1 　　　　　　　　　欧 洲 发 电 投 资 预 测

项　目	2040 年	2017－2025 年		2026－2040 年		2017－2040 年
	电力需求（TW·h）	发电投资额（亿美元）	电网投资额（亿美元）	发电投资额（亿美元）	电网投资额（亿美元）	投资总额（亿美元）
欧洲	4005	6610	3940	12 690	6370	29 600
欧盟	3090	5070	2860	10 590	4520	23 060
欧盟占欧洲的比重（％）	77	77	73	83	71	78

数据来源：IEA《世界能源展望 2017》。

从发电结构来看，欧洲正加快能源转型步伐。随着气候变化《巴黎协定》的签署，实施清洁能源转型、新建可再生能源发电项目在欧洲成为大势所趋。为减少温室气体排放，不少欧洲国家纷纷为限制或禁止煤炭发电设定时间表。2017 年 4 月，代表全欧洲 3500 家公司的电力行业组织欧洲电力工业联盟（Eu-relectric）在布鲁塞尔宣布，欧洲电力行业计划"2020 年以后不再投资新建燃煤电厂"。除波兰和希腊之外，所有欧盟国家的国有电力公司均已经签字支持该计划。2017 年 7 月，法国宣布将于 2022 年终止燃煤发电；2018 年 7 月，荷兰宣布到 2030 年全面禁用燃煤发电。

根据 IEA 统计和预测，当前欧洲非化石能源发电量占比 51％。燃气发电以 26％的占比位列发电量第一，其后依次为核电（22％）、燃煤发电（21％）、水电（16％）、风电（7％）、光伏发电（1％）、燃油发电（1％）。到 2040 年，非化石能源发电量占比将提高到 65％，风电占比将从 2016 年的 7％提高到 19％，光伏发电占比将从 2％提高到 4％，核电占比将从 22％降低到 16％，煤电占比将从 21％降低到 9％，燃气发电占比将保持 26％不变，燃油发电将被禁止，见表 2 - 2。发电量增长率从高到低依次是风电、地热发电、光伏发电、生物质发电、水电和燃气发电，燃油发电、燃煤发电、核电均为负增长。

目前，西欧国家正在大力推进以风能、太阳能等新能源大规模开发利用为代表的能源革命，北海、波罗的海、地中海的海上风电、陆上风电和太阳能正在进行大规模开发，以替代传统能源。绿地项目的重点领域包括海上风电接入、陆上新能源接入和跨国输电。

表 2-2 　　　　　　　　　　欧洲电源结构变化趋势

发电类型	2016 年		2040 年		平均增长率（%）
	发电量（TW·h）	占比（%）	发电量（TW·h）	占比（%）	
燃煤发电	1065	21	561	9	-2.6
燃油发电	74	1	15	0	-6.4
燃气发电	1349	26	1560	26	0.6
核电	1149	22	973	16	-0.7
水力发电	824	16	991	17	0.8
生物质发电	219	4	384	6	2.4
风力发电	340	7	1102	19	5.0
地热发电	17	0	54	1	4.9
光伏发电	111	2	248	4	3.4
光热发电	—	—	—	—	—
海洋发电	—	—	—	—	—
总计	5156	100	5908	100	0.6

数据来源：IEA。

（4）整体来看，欧洲大部分国家电力行业私有化程度较高，西欧国家电力监管体制机制较为成熟，中东欧国家电力监管体制机制正在逐步完善。

西欧国家多为发达国家，电力监管机制完善、透明。西欧多国作为电力改革的先行者，在推动市场开放、透明、公平等方面积累了大量的经验，如今已经形成相对成熟的市场结构和交易模式。其能源政策更加强调对环境的保护和对可再生能源，特别是风能、水能和太阳能的利用和持续发展，不强调电网规模的扩大，分布式电源成为未来的发展方向，更加关心智能电网技术，包括分布式能源管控、低压供电网络的信息化、智能保护等，其发展目标是可靠、高效和灵活。随着欧洲可再生能源的发展，大范围消纳和资源优化配置的需求进一步推动了交易范围的扩大，欧洲同步电网的建设步伐不断加快。西欧电力绿地项目主要为私人开发商进行前期开发，而不是由政府主管部门授予，审批程序复杂，取得审批许可的时间长，不确定性大。

中东欧一些国家在加入欧盟后，逐步进行了市场化转型，目前在电力监管体制方面已与欧盟接轨，监管机制较为透明。中东欧国家核心地区（匈牙利、波兰、捷克、斯洛伐克）对外资持鼓励的态度，法律比较健全。中东欧多国电力基础设施比较陈旧，升级改造和新建的需求较大，并且有意在输配电领域引入私人投资。

（5）欧洲电力企业重点关注新技术和新业态领域并购机遇，财务投资者重点关注输配电和新能源资产，互联网企业也积极参与能源投资。

2017 年欧洲电力与公用事业行业并购交易额达 755 亿美元，占全球的 25%，仅次于北美洲（占 45%），较 2016 年欧洲并购交易额（498 亿美元）增长 52%。欧洲电力与公用事业行业投资并购主要具有以下三方面特征：

一是欧洲电力企业对储能、电动汽车充电、人工智能、需求侧响应等新技术和新业态加大投资并购力度。跨国并购已经成为欧洲电力企业战略转型的重要手段，一些跨国电力企业针对综合能源服务相关的创新型企业频繁开展并购。如法国 Engie 集团收购储能公司 EPS，意大利电力公司 Enel 收购需求响应服务公司 EnerNOC，德国 E. ON 公司与丹麦 Clever 公司宣布投资 1200 万美元在欧洲建设电动汽车快充网络。**二是**一些互联网企业，如谷歌、微软等积极参与能源互联网相关投资。微软与挪威 Agder Energi 公司合作利用人工智能技术预测电力供需，与 ABB 公司合作利用云计算技术优化电动汽车充电系统；谷歌收购家庭能源管理企业。**三是**财务投资者在欧洲市场十分活跃。欧洲央行继续采取宽松的货币政策，资本市场上资金更为充裕，电力与公用事业相关资产，尤其是新能源资产和输配电监管资产成为各类投资基金积极寻求的投资目标。2017 年欧洲较大规模的电力与公用事业行业并购交易大部分由投资基金主导，见表 2-3。

表 2-3   2017 年至今欧洲电力行业典型跨国并购交易

时间	交易额（亿美元）	收购方	被收购资产	资产类型
2017 年 1 月	8	美国 J. P. 摩根集团	英国 Infinis Energy Limited 409MW 岸上风电资产	可再生能源和风能
2017 年 3 月	14	葡萄牙 Energias de Portugal S. A.	西班牙 EDP Renovaveis S. A. 22.5%的股权	可再生能源
2017 年 4 月	28	阿联酋阿布扎比投资局、美国 J. P. 摩根集团、瑞士人寿资产	西班牙 Naturgas Energia Distribucion S. A.	输配电
2017 年 8 月	14	美国全球基础设施伙伴公司	DONG Energy 所拥有的德国 Borkum Riffgrund2 50%的股权	可再生能源和风能
2017 年 8 月	18	德国 Allianz 资本、加拿大养老金计划投资局	西班牙 Gas Natural Distribution Business 20%的股权	输配电
2017 年 9 月	115	芬兰 Fortum Oyj AB	德国 Uniper SE	发电和水能
2017 年 10 月	27	英国 PKA A/S、丹麦 PFA 基金	美国 Walney Extension 659MW 海上风电项目 50%的股权	可再生能源和风能
2017 年 12 月	47	德国 Allianz 资本、澳大利亚麦格里基金、芬兰社保基金	芬兰 Elenia Group	输配电和电力
2017 年 12 月	7	中国华润电力控股有限公司	英国 Dudgeon 离岸海风电项目 30%的股权	可再生能源和风能
2018 年 1 月	47	英国 CVC Capital Partners Ltd.、Corporation Financiera Alba SA	西班牙 Gas Natural Fenosa 20.07%的股权	输配电
2018 年 2 月	30	美国 TerraForm Power Inc.	西班牙 Saeta Yield S. A.	可再生能源、风能和光伏
2018 年 3 月	12	比利时 Elia System Operator NV	德国 50Hertz Transmission GmbH 20%的股权	输配电和电力

数据来源：安永会计师事务所。

2.2 欧洲重点国家电力行业投资环境分析

2.2.1 德国

（一）发展现状与前景

德国是欧盟第一大经济体，2017 年德国 GDP 36 518.7 亿美元，高居全欧洲第一位、世界第四位，且是欧洲唯一的 GDP 总量超过 3 万亿美元的国家，预测未来五年内 GDP 增长率在 1.5% 以上。2017 年德国人均 GDP 45 170 美元，明显高于欧盟人均 GDP（33 888 美元），位居欧洲中前列。德国具有强大的经济、工业和科技实力，在欧洲的领先优势较大。2017 年，德国发电结构中燃煤发电占比（39.3%）最高，新能源发电占比（29.9%）位列第二，其次是燃气发电、核电、水电和燃油发电，分别占 14.3%、11.9%、3.7% 和 0.9%，见表 2 - 4。

表 2 - 4　　　　　　　　德国宏观经济及电力行业现状与预测

年 份	2017	2018	2019	2020	2021	2022
人口（万人）	8211	8229	8244	8254	8259	8259
人均 GDP（美元）	45 170	45 405	48 632	50 974	52 600	54 345
经济增长率（%）	2.3	1.8	1.6	1.5	1.5	1.5
发电装机容量（MW）	221 421	225 016	226 901	230 475	227 995	227 685
发电结构（%） 燃煤发电	39.3	38.7	38.5	38.0	39.2	39.4
燃气发电	14.3	13.8	13.9	13.9	14.8	15.3
燃油发电	0.9	0.9	0.9	0.9	1.0	1.0
核电	11.9	11.7	10.5	10.2	5.5	3.2
水电	3.7	3.8	3.9	3.9	4.3	4.3
新能源发电	29.9	31.1	32.3	33.1	35.3	36.8
用电量（TW·h）	566.5	567.6	568.2	567.0	561.4	555.6
人均用电量（kW·h）	6899	6898	6892	6869	6797	6727
线损率（%）	3.8	3.7	3.7	3.7	3.7	3.7

数据来源：BMI、IMF。

德国高度重视能源转型，从弃核到减煤，随后走向发展可再生能源，能源的发展更加注重数字化、耦合化和智能化。2018 年年初，德国可再生能源机组发电首次覆盖接近 100％的用电需求，意味着在可再生能源领域取得突破，德国能源转型进入了一个新阶段。作为欧洲境内居民电价最高的国家，德国国内电价约为美国的 3～5 倍，却依然有 95％的德国公众支持能源转型，认为可再生能源应进一步扩大，见表 2-5。

表 2-5　　　　　　　　　　　德国能源转型时间表

年　份	能　源　转　型　进　展
1973—1975	群众抗议终止了 Wyhl 核电厂计划，德国反核运动诞生
1979/1980	走向绿色：德国绿党建立，提出弃核和可再生能源是未来转型的重大需求。环保积极人士首先使用"Energiewende"（德国绿色能源政策）
1986	切尔诺贝利核灾令德国坚定了对核能的抑制；气候变化进入主流语境——成立首个大气层预防性保护委员会
1991	启动可再生能源，立法引入可再生能源的上网电价机制
1997	京都议定书正式生效，根据协议，德国是当时世界第六大排放国，必须减少碳排放
2000	可再生能源法：可再生能源享有上网电价补贴和优先调度权。第一个弃核阶段：社民党、绿党、政府和公用事业部门同意 2022 年之前逐步淘汰核电
2007	欧盟目标：欧盟制定 2020 年气候目标：可再生能源份额为 20％，减排 20％，效率提高 20％
2010	扩大核电：保守党政府扭转核共识。提出目标：政府制定 2020 年和 2050 年的可再生能源和气候目标
2011	第二个弃核阶段：默克尔政府在福岛事故后以 2022 年的议会大多数议席制订新的核电淘汰计划
2014	新《可再生能源法》和气候行动：降低上网电价，实行光伏发电竞标机制，并引入实现 2020 气候目标的行动计划
2015	进展缓慢：德国能源转型监测报告显示，实现气候目标的可能性是"严重危险"
2016	拆分：E. ON 和 RWE 两大公用事业集团拆分再生能源与化石燃料部门。气候行动计划：政府对个别经济板块设立更具野心的 2030 年碳排放目标
2017	可再生能源改革：可再生能源电价采用拍卖机制。德国大选：确立 Energiewende 的未来进程；G20 峰会和波恩 COP23 气候大会

资料来源：根据新闻报道整理。

（二）市场结构

德国输电和配电业务为监管业务，发电、售电实行完全市场竞争。2018 年 3 月之前，E. ON、RWE、Vattenfall（瑞典公司）和 EnBW 四家大型电力公司占据德国发电市场 80％以及零售市场 50％的市场份额。四家输电网公司分别为 TenneT、50Hertz、Amprion、EnBW Netz，共有输电线路 34 841km。其中，E. ON、RWE、Amprion 均为私有企业。配电公司 888 家，共有配电线路 1 753 290km，其中客户数少于 10 万的配电公司共有 812 家。

德国大型公共事业企业正在加快转型进程。2016 年 E. ON 宣布成立一家新公司，把核电、火电、天然气等传统业务分割出去，未来专心经营可再生能源、智能电网和储能等新业务，随后以 39 亿欧元把新公司 Uniper 的业务打包上市。RWE 同年拆分可再生能源业务成立新公司 Innogy 重新上市。2018 年 3 月，E. ON 和 RWE 签署了收购与资产互换协议，RWE 将销售其子公司 Innogy 76.8％的股份予以 E. ON，而 E. ON 将接收 Innogy 电网和分销业务，未来经营重点放在电网和客户解决方案上。RWE 则将接收 Innogy 和 E. ON 的可再生能源业务，成为德国煤炭和可再生能源大型供应商。重组意味着两家公司未来的业务都更加垂直。RWE 将主营发电业务，E. ON 则承接电网和分销。两家公司的业务遍及欧洲、北美洲和巴西，股权分散世界各地。

德国电力零售市场十分发达，电力用户可自主选择供应商。2017 年共有单一电力批发商 53 家、单一电力零售商 895 家，同时从事批发和零售业务的供应商 117 家，合计 1065 家供应商。

（三）中国电力企业重点关注的领域

第一，存量资产并购项目。德国正在进行能源转型，一些能源电力企业着手剥离化石能源发电和电网等传统业务，或是进行并购重组，中国企业面临资产并购机遇，但需要关注近期德国加强外资审核的动向，防范政治风险。

第二，可再生能源、智能电网、储能、电动汽车等项目。在德国能源转型过程中，一些大型公用事业企业的传统商业模式受到冲击，开始关注与综合能源服务有关的新技术和新业态，中国企业可重点关注相关的项目机遇，伺机开展投资合作。

2.2.2 法国

（一）发展现状与前景

法国是欧盟第二大经济体，2017 年法国 GDP 25 748.1 亿美元，位列欧洲第二、世界第五，预测未来五年内 GDP 增长率在 1.7% 以上。2017 年法国人均 GDP 39 781 美元，高于欧盟人均 GDP（33 888 美元）。作为全球核电大国，2017 年法国核电在本国发电结构中占比高达 72.8%；其次是水电、新能源发电、燃气发电、燃煤发电和燃油发电，分别占 9.8%、9.1%、6.0%、1.9% 和 0.4%，见表 2-6。

表 2-6　　　　　　　法国宏观经济及电力行业现状与预测

年　份		2017	2018	2019	2020	2021	2022
人口（万人）		6498	6523	6548	6572	6595	6618
人均 GDP（美元）		39 781	42 354	43 739	45 984	47 496	49 099
经济增长率（%）		1.8	1.9	1.7	1.7	1.7	1.7
发电装机容量（MW）		133 522	131 614	134 127	141 172	144 693	147 846
发电结构（%）	燃煤发电	1.9	1.6	1.4	1.1	0.8	0.4
	燃气发电	6.0	5.3	4.7	3.9	3.5	3.4
	燃油发电	0.4	0.2	0.2	0.2	0.2	0.1
	核电	72.8	73.7	73.7	73.5	73.3	73.0
	水电	9.8	9.6	9.3	9.7	9.6	9.5
	新能源发电	9.1	9.6	10.7	11.6	12.6	13.6
用电量（TW·h）		451.9	455	457.5	459.7	461.8	463.7
人均用电量（kW·h）		6954	6975	6986	6994	7002	7006
线损率（%）		6.3	6.3	6.3	6.3	6.3	6.3

数据来源：BMI、IMF。

从能源结构来看，长期以来核能是法国最主要的能源来源，出于对核电站老化、安全问题、运营维护等方面的考量，以及优化能源结构、呼应全球气候变迁及能源转型的诉求，法国开始走上减少核电、增加可再生能源的能源转型之路。法国政府计划逐步将核能发电比例减少至50％，并扩大利用可再生能源。法国曾向欧盟承诺，至2020年和2030年，可再生能源在最终能源消费中的比重将分别提升到23％和32％。目前法国每年投资约50亿欧元支持可再生能源发展。

2015年，法国颁布《绿色增长能源转型法案》，提出到2025年将核电占法国能源结构的比重从目前的73％降至50％，同时提高可再生能源比重。为了实现这一目标，法国推出了一系列政策和措施，例如，对致力于大中型可再生能源设备研发制造的企业提供补贴，助力其研发和产品推广；同时对安装或购置可再生能源新设备的用户提供优惠贷款等。另外，针对具体的可再生能源产业，法国政府也出台了对应的优惠政策。例如，为支持风电行业发展，法国政府建立了有效的风电价格和税收政策，根据风能资源状况、风机容量、利率和收益水平等因素制定风电收回价格，实施固定电价同上网电价补贴相结合的政策，以保证风电项目承建商的投资收益，并提高相关风电设备生产商的盈利能力。

法国积极开展与周边国家电网互联。法国电网东接德国电网，北接英国电网，南接伊比利亚半岛西班牙电网。法国电网与周围电网的互联传输能力，受入容量可以达到12 395MW，可以满足约全年最大负荷的15％的供应，能够平衡法国电网由于核电调峰能力不足所造成的电网安全稳定问题。2018年7月，法国和葡萄牙、西班牙共同签署三国能源互联协议。根据协议，西班牙、葡萄牙两国同欧洲的能源互联水平到2020年达到10％，2030年达到15％。此外，欧盟委员会将投资5.7亿欧元在西班牙以北的比斯开湾建造一个用于连接法国、西班牙和葡萄牙电力互联项目。

（二）市场结构

在发电领域，法国电力公司（EDF）和法国燃气苏伊士集团（GDF Suez）是最主要的参与者，其装机容量分别占法国约 77.1％和 8.5％的份额，剩余份额由 E.ON 集团等其他公司占据。法国政府目前是 EDF 公司的最大股东，持有其 84.49％的股份。2017 年底，路透社报道称，法国财政部正在研究重组 EDF 的几个方案，包括将其核电业务分拆成一个独立的子公司。EDF 的负债净额达 310 亿欧元，需要引入资金升级其老化的核电站。

在输电领域，EDF 全资所有的法国输电网公司（RTE）是法国唯一的输电系统运营商，负责运营和管理法国国家输电网。该公司拥有法国国家输电网特许经营权，有效期至 2051 年 12 月 31 日。

在配电领域，EDF 全资所有的法国配电网公司（ERDF）是最主要的配电系统运营商，其通过特许经营方式，负责运营和管理法国 95％的配电网络，其余配电网络由地方配电公司负责运营和管理。法国的配电网络由所在区域的地方政府所有。

在售电领域，EDF 公司和 GDF Suez 公司是最主要的参与者，根据售电量计算，其在售电市场分别占有约 80％和 11％的份额，剩余份额由 E.ON、Enel等公司占据，见表 2-7。

表 2-7　　　　　　　　　　　法国电力行业结构

市场环节	市 场 主 体
发电	EDF、法国燃气苏伊士集团、德国意昂集团合计占据全国约 90％的发电市场份额，另外还有很多小型发电商
输电	EDF 旗下全资子公司 RTE 垄断经营
配电	全国约有 10 个配电网公司（包括 EDF 旗下全资子公司 ERDF）
售电	全国约有 30 个售电商，包括 EDF、法国燃气苏伊士集团、德国意昂集团、意大利电力公司、西班牙伊维尔德罗拉公司、瑞典大瀑布公司等

数据来源：BMI。

在监管方面，法国能源监管委员会（CRE）是法国政府对包括电力和燃气在内的能源行业进行监督管理的行政机构。委员会的主要使命是确保能源市场的平稳运行，主要职责包括监管电力和燃气网络的调度运行情况，确保电网和燃气网络的公平接入，以及对电力和燃气市场进行监管，确保电力和燃气市场交易的顺利开展。委员会拥有与电力和燃气相关的项目审批权、争端仲裁权、制裁处罚权、提议权、调查权、咨询权等。

（三）中国电力企业重点关注的领域

第一，核电合作项目。中法在核能领域已经合作了 30 多年，从引进大亚湾核电到合作建设台山核电，再到在英国建设核电站，取得了良好的合作成果。如今中法在核能领域各有优势，可通过进一步加强技术资金、管理和文化等方面的合作，并共同开拓第三方市场，实现互利双赢。

第二，跨国电网互联工程项目。充分发挥中国特高压输电技术和装备优势，跟踪法葡西电网互联、英法电网互联等项目进展，捕捉机遇参与联网工程项目投资建设。

2.2.3　意大利

（一）发展现状与前景

2017 年意大利 GDP 为 19 388 亿美元，位列欧洲第四、世界第八，预测 2018 年 GDP 增长率为 1.4％。2017 年，意大利人均 GDP 31 500 美元，低于欧盟人均 GDP（33 888 美元）。目前，意大利发电中燃气发电比重最高（43.8％），其次是新能源发电（23.1％），接下来依次是水电、煤电和燃油发电，分别占 15.1％、14.0％和 4.0％，见表 2-8。

表 2-8　　　　　意大利宏观经济及电力行业现状与预测

年　份	2017	2018	2019	2020	2021	2022
人口（万人）	5936	5929	5922	5913	5904	5894
人均 GDP（美元）	32 670	35 509	36 366	37 003	37 739	38 656

续表

年　份	2017	2018	2019	2020	2021	2022
经济增长率（%）	1.5	1.2	1.0	0.8	0.6	0.5
发电装机容量（MW）	114 511	114 499	114 756	115 310	116 330	116 988
发电结构（%） 燃煤发电	14.0	13.6	12.9	12.6	12.2	12.1
燃气发电	43.8	42.0	41.5	41.6	41.3	41.9
燃油发电	4.0	3.9	3.6	3.5	3.3	3.2
核电	0	0	0	0	0	0
水电	15.1	15.9	17.2	17.0	17.6	16.4
新能源发电	23.1	24.6	24.8	25.3	25.6	26.4
用电量（TW·h）	295.2	297.8	298.7	299.6	300.5	301.4
人均用电量（kW·h）	4973	5023	5044	5067	5090	5114
线损率（%）	7.1	7.1	7.0	7.0	7.0	6.9

数据来源：BMI、IMF。

　　意大利是欧洲第四大能源消费国，虽位居西方七大工业国之列，但能源短缺始终是其经济发展的一大短板。意大利煤、石油和天然气资源匮乏，80%左右的能源长期依赖进口，因此发展可再生能源是意大利的重要战略目标。2017年11月，意大利经济发展部和环境部联合发布了新的国家能源战略，旨在设定其2030年国家能源供需目标和前景，大力提升可再生能源在电力乃至整个能源消费领域的占比，并将持续推动天然气来源多元化。新的能源战略目标主要包括：能源消耗总量中可再生能源占比提升至28%，其中可再生能源发电比例由2015年的33.5%增长到2030年的55%，交通领域可再生能源利用的比例由2015年的6.4%增长到2030年的21%；基于目前的发展态势，到2030年能耗降低30%；到2025年淘汰煤炭发电；天然气仍将继续在意大利能源结构中发挥重要作用，大力推动新建天然气进口管道，以保证供应来源和路线的多元化，并将推出优惠政策，鼓励进口液化天然气。与此同时，意大利还计划于2021年实现对清洁能源研发投资翻番，从2013年的2.58亿美元提升至5.17亿美元。

意大利已形成全国统一电网，以 380kV 和 220kV 线路为主网架，电网连接本土、撒丁岛以及法属科西嘉岛。意大利与黑山、法国等邻国电网互联起步较早，与周边多国互联，经常由北部电力富裕地区向南部电力缺乏地区送电。意大利目前已实现智能电网全用户覆盖。

（二）市场结构

意大利发电领域主要企业有 Enel、A2A Group、Engie、Edison 等，配电领域主要企业有 Enel、Iren 等，其中 Enel 拥有约 85％的配电市场份额和 35％的售电市场份额。意大利国家输电网公司 Terna 则是意大利唯一的电网运营商。1999 年，意大利一体化的国有电力企业 Enel 集团成立了自己的子公司 Terna，持有输电网资产负责输电业务，但并不负责调度。2000 年后 Terna 逐步独立出来，完成私有化并于 2004 年成功上市。2005 年，意大利政府要求 Terna 与独立系统运营商合并，形成输电资产所有者、系统调度者合一的格局并持续至今。2010 年之后，Terna 集团对自身业务进一步拆分，成立 5 家子公司，分别负责传统输电和系统运营业务、高压输电业务、储能开发业务、非传统业务、黑山共和国电网业务，另有 4 家技术、服务相关的联营子公司。

在监管方面，意大利在能源领域建立了多部门管理机制，共同推动可再生能源发展。主要管理部门机构包括：经济发展部（MSE），负责制定国家能源政策，确定可再生能源发展战略；环境、领土与海洋部（MATTM），负责协调气候变化政策，配合经济发展部促进可再生能源发展，提高能源效率；农业、食品和林业政策部（MIPAAF），负责农、林领域发展，以及国内外相关政策协调，配合经济发展部推动生物质能发展；电力、燃气和水监管局（UEEGSI），对可再生能源发电上网、补贴分配等实施监管；国家能源机构（GSE），是经济和财政部（MEF）作为唯一股东的国有公司，在经济和财政部以及经济发展部的共同管理下，具体负责推动可再生能源发展和提高能效、管理政府财政投入的经费、预测和计算可再生能源电厂产量、出售可再生能源电力，以及为政府部门决策提供咨询；新技术、能源和可持续发展署（ENEA），是由经济发展部和相关部门共同管理的公共机构，负责推动能效、可再生能源、核能、气候和环境、安全和健康等方面的科技创新。

（三）中国电力企业重点关注的领域

第一，可再生能源项目。意大利提出了提高可再生能源发电和消费比重、淘汰煤电等能源战略目标，未来可再生能源发展将迎来新的发展机遇，中国企业可抓住机遇，寻找可再生能源领域合作机会。

第二，电动汽车充换电等新兴业务。意大利电动汽车发展较为缓慢，意大利计划提高交通领域可再生能源的利用比重，其中部和北部地区在鼓励"绿色出行"方面出台了很多配套政策，当地政府计划未来数年内用纯电力公交车代替原来的柴油和甲烷燃料公交车。中国电动汽车行业具备较为先进的技术、清洁绿色的电动交通共享模式，在意大利市场面临较大的市场机遇。

2.2.4 西班牙

（一）发展现状与前景

2017 年西班牙 GDP 为 13 071 亿美元，位列欧洲第六、世界第十四，预测 2018 年 GDP 增长率为 2.7%。2017 年，西班牙人均 GDP 28 509 美元，低于欧盟人均 GDP（33 888 美元）。目前，西班牙发电中新能源发电比重最高（27%），其次是燃气发电、核电、燃煤发电、水电和燃油发电，分别占 25.1%、21.9%、16.3%、8.0% 和 1.7%，见表 2-9。

表 2-9　　　　　　西班牙宏观经济及电力行业现状与预测

年　份	2017	2018	2019	2020	2021	2022
人口（万人）	4635	4640	4644	4646	4645	4642
人均 GDP（美元）	28 366	31 323	32 368	33 365	34 611	36 104
经济增长率（%）	3.1	2.7	2.5	2.2	2.2	2.1
发电装机容量（MW）	103 069	103 860	108 477	106 737	106 167	105 695

续表

年　份	2017	2018	2019	2020	2021	2022
发电结构（%）燃煤发电	16.3	14.6	12.3	10.5	9.9	9.4
燃气发电	25.1	24.5	24.6	25.6	26.3	26.8
燃油发电	1.7	1.6	1.5	1.5	1.5	1.4
核电	21.9	21.9	21.6	21.6	21.4	21.3
水电	8.0	9.2	9.3	9.5	9.6	9.7
新能源	27.0	28.2	30.7	31.3	31.3	31.4
用电量（TW·h）	243.1	244.8	246.5	248.7	249.5	250.0
人均用电量（kW·h）	5245	5276	5308	5353	5371	5386
线损率（%）	9.9	9.8	9.7	9.5	9.3	9.2

数据来源：BMI、IMF。

　　西班牙人均可再生能源使用量位居世界第二。作为全球十大风力发电国之一，西班牙是世界上第一个，也是唯一一个以风能为第一大电力来源的国家。西班牙在所有太阳能相关科技产业都位于世界领导地位，其企业生产的设备80%用于出口。作为世界上风电发展最快的国家之一，西班牙为了促进风电规模化发展，保障电网安全稳定运行，近年来从风电规划、电源结构优化、电网建设、新技术应用、调度管理等方面采取了一系列措施，在风电比重不断提高的情况下，避免了重大电网事故的发生，电网可靠性保持在较高水平。在促进风电大规模发展的同时，保障了电网的安全稳定运行。2017年11月，西班牙制定新的可再生能源激励方案，欧盟认为该方案可使约4万个受益者（其中包括最近的新项目以及受惠于以往激励机制的现有可再生能源发电设施）通过市场价格的溢价获得支持，促使它们对市场的信号做出回应，并表示这一新激励机制将帮助西班牙过渡至低碳、环保、可持续的能源供应。

　　目前，西班牙已与法国、葡萄牙和摩洛哥等国实现电网互联，最大功率交换能力6850MW，为西班牙风光装机容量的23.2%。此外，西班牙正和法国合作建设的电网互联项目将于2025年完工，这是两国之间的首条海底互联电网。

（二）市场结构

目前，西班牙前三大发电集团分别是伊维尔德罗拉（Iberdrola）、恩德萨（Endesa）和芬罗萨联合（Union Fenosa）公司。三家发电集团同时经营配电业务，是西班牙国内三家最大的配电商。此外，西班牙约有 329 家地方配电公司和 54 家零售供电商。西班牙输电业务由电网公司 REE 独家运营。

西班牙行业监管机构是国家能源委员会（CNE）。该委员会负责管理跨国联络线、输配电价以及对可再生能源的认证，但电价审批权仍掌握在工业、旅游及贸易部。

（三）中国电力企业重点关注的领域

第一，跨国电网互联工程项目。西班牙电网与法国、葡萄牙、摩洛哥电网互联，电力传输频率高、体量大，未来西班牙计划深化区域电力市场，区域间电力传输趋于频繁，且未来强化伊比利亚半岛能源互联的计划将持续推进，因此，未来西班牙跨国联网投资建设机遇显著。

第二，可再生能源项目。目前，西班牙一些岛屿仍在使用柴油发电等高污染电源，未来必然存在新建清洁电源及相应电网设施建设需求。

2.3　欧洲电力行业跨国投资典型案例分析

2.3.1　英国 Centrica 收购电力需求响应服务商

2017 年 11 月 3 日，英国公用事业公司 Centrica 宣布以 8140 万美元收购比利时需求响应商 REstore。收购完成后，REstore 并入 Centrica 国际分布式能源与电力部门，该部门负责提供能源消费分析、发电资产优化服务，并为商业和工业客户提供节能产品。

REstore 公司既是需求响应集成商，也是科技服务供应商。该公司业务涉及欧洲五个国家，包括比利时、法国、德国、英国、荷兰。通过此次收购，

Centrica 将能够获得先进的需求响应技术和高水平团队，为客户提供更全面的服务，开拓法国和比利时等市场，REstore 则可以获得更大的销售团队和稳定的客户群。

2.3.2　意大利 Enel 并购美国储能企业

2017 年 1 月 11 日，意大利电力公司 Enel 收购美国能源存储系统和软件开发运营商 Demand Energy 100％的股权。该交易将使 Enel 借助 Demand Energy 智能软件和储能系统产品，扩大美国乃至全球可再生能源业务、储能市场的能力，为客户提供更加清洁、可靠、经济可行的能源解决方案，Demand Energy 则可以将其产品推至全球。

2.3.3　法国 Engie 并购综合能源服务公司 EPS

2018 年 2 月 24 日，法国公用事业公司 Engie 宣布以每股 9.5 欧元的价格收购位于巴黎的储能解决方案和微电网公司 Electro Power System（EPS）超过 50％的股权，总收购价超过 5000 万欧元。

EPS 是一家拥有储能专有技术和软件的公司，迄今为止已在 21 个国家实施了 36 个项目。Engie 一直致力于聚焦低碳能源生产、分布式能源生产、分布式解决方案及数码技术在能源领域的应用。通过此次收购，Engie 得以提高其国际储能业务基础，并得以拓展市场、培养业务专家人才。

3

美洲电力行业跨国投资分析

3.1 美洲电力行业跨国投资概况

（1）北美洲经济总体保持稳定增长，但贸易保护主义抬头、逆全球化思潮涌动，贸易摩擦不断升级；南美洲经济复苏，政治局势总体保持稳定，但总统大选带来了短期政治风险和经济不确定性。

根据 IMF 2018 年 7 月的预测结果，北美洲经济增长率将从 2017 年的 2.3％提高到 2018 年的 2.8％和 2019 年的 2.6％，但美国一系列贸易保护政策增加了经济的不确定性。2017 年 1 月美国总统特朗普宣布美国退出 TPP，同年 8 月启动北美自由贸易协定（NAFTA）重谈，目前已就协定框架达成协议。2018 年 6 月起，美国对从欧盟、加拿大和墨西哥进口的钢铁和铝开始征收关税。同年 7 月起，美国开始对中国产品实施一系列加征关税的措施，同时中国政府也给予了一系列同等规模的反击，贸易摩擦不断升级。

据预测，南美洲经济增长率将从 2017 年的 0.7％提高到 2018 年的 1.7％和 2019 年的 2.8％，整体经济实现复苏。2018 年，拉丁美洲地区多个国家举行总统大选和议会选举，引发短期社会动荡、政治风险和经济不确定。2018 年，哥伦比亚、哥斯达黎加、巴拉圭、委内瑞拉、古巴、墨西哥和巴西共 7 个国家举行总统大选和议会选举，政局变动带来的政策变化可能对国家经济发展产生一定影响。个别国家因大选发生了暴力冲突。据报道，2018 年墨西哥大选期间共有 132 名政治候选人被杀害。

（2）美洲国家整体电力投资环境较好，主要体现在经济发展稳定、法律健全、政策稳定性强；拉丁美洲地区投资环境积极改善。

根据 2018 年第三季度 BMI 对美洲国家电力行业投资环境的评估结果，美洲国家电力行业 RRI 平均为 45.9，略低于世界平均水平。其中，美国、加拿大、智利、墨西哥、秘鲁、哥伦比亚、阿根廷、巴西、巴拿马、多米尼加投资环境指数高于美洲平均水平，投资环境相对较好；古巴、洪都拉斯、尼加拉瓜、萨尔瓦多、巴拉圭投资环境较差。

当前，随着阿根廷、巴西和秘鲁等国新政府奉行以自由市场和紧缩性为主要特征的结构调整政策，以及古巴等国的改革进程，南美市场整体上对外资的开放度出现回升。巴西、阿根廷等国限于政府财政能力下降和紧缩性财政政策的制约，加大了在石油、电力等重要基础设施的开放力度，国际资本有更大的空间参与该地区经济发展。哥伦比亚国内和平进程的重大突破，也为经济发展提供了有利因素。

（3）未来 20～30 年内美洲电力需求平稳增长，新能源发电、电网等领域的投资需求较大。

根据 IEA 的预测，北美洲是未来数十年内电力需求增长速度较低的地区，仅高于欧洲，电力需求将从 2016 年的 4694TW•h 增长到 2040 年的 5651TW•h，年均增长 0.8%，低于非洲、欧洲、中东和亚太地区，比世界电力需求平均增幅（1.7%）低 0.9 个百分点。中美洲和南美洲地区电力需求将从 2016 年的 1063TW•h 增长到 2040 年的 1858TW•h，年均增长 2.4%，高于北美洲，低于亚太地区、非洲和中东地区。但从增长量来看，北美洲增长量为 957TW•h，高于中美洲和南美洲的增长量 795TW•h。

根据 IEA 预测，2017—2040 年，北美洲电力行业投资规模约 24 630 亿美元，占世界电力行业投资总额的比例约为 13%。发电投资 14 670 亿美元，占北美洲电力行业投资总额的 59.6%；电网投资 9960 亿美元，占 40.4%。中美洲和南美洲电力行业投资规模约 9780 亿美元，占世界电力行业投资总额的比例约为 5%，低于北美洲投资规模。

从发电结构来看，化石能源发电明显减少，清洁能源发电增多。根据 IEA 的预测，美洲可再生能源发电占比将从 2016 年的 30% 提高到 2040 年的 45%，核电占比将从 15% 降低到 10%，燃煤发电占比将从 23% 降到 15%，燃油发电占比将从 3% 降低到 1%，燃气发电比例保持稳定，为 29%。发电量增长率从高到低依次是光伏发电、地热发电、风力发电、生物质发电、水力发电、核电、燃气发电、燃煤发电和燃油发电，其中燃油发电和燃煤发电为负增长，见表 3 - 1。

表 3 - 1   美洲电源结构变化趋势

发电类型	2016 年		2040 年		平均增长率（%）
	发电量（TW·h）	占比（%）	发电量（TW·h）	占比（%）	
燃煤发电	1497	23	1291	15	− 0.6
燃油发电	230	3	83	1	− 4.2
燃气发电	1938	29	2461	29	1.0
核电	976	15	880	10	− 0.4
水力发电	1385	21	2002	24	1.5
生物质发电	170	3	273	3	2.0
风力发电	312	5	897	11	4.5
地热发电	30	0	91	1	4.7
光伏发电	53	1	498	6	9.8
光热发电	—	—	30	0	—
总计	6594	100	8514	100	1.1

数据来源：IEA。

（4）整体来看美洲电力行业改革起步较早，多数国家电力领域各环节分开，私有化水平较高。中美洲一些国家尚未开放输电环节。

智利、美国、阿根廷等国家自 20 世纪 80 年代起就开始进行电力体制改革，加拿大、巴西、墨西哥也紧随其后。目前，在美洲大部分国家，包括美国、加拿大、巴西、阿根廷、智利、秘鲁、哥伦比亚、危地马拉等在电力行业发、输、配、售环节均有不同程度的私营企业参与竞争。尼加拉瓜、哥斯达黎加、巴拿马仍然对输电环节进行全面管控，但在电力行业发、配、售环节已经部分私有化。乌拉圭、洪都拉斯目前仅开放了发电环节。巴拉圭目前还未放开电力行业，全部环节均由国家电力公司管控。

（5）美洲发电资产并购交易规模增长，新能源投资规模扩大，拉丁美洲地区输配电绿地投资需求旺盛，我国在拉美存量资产并购活跃。

2017 年发电资产并购交易额为 240 亿美元，比 2016 年（148 亿美元）增长

62％。2017 年新能源投资比 2016 年攀升 71％。拉丁美洲电力行业相对开放，2017 年，拉丁美洲吸引外资金额达 110 亿美元。巴西新建 34 个输变电项目，投资规模达到 40 亿美元；智利、秘鲁也投资建设一批大型输电项目。中国投资者已经成为继欧洲、北美洲投资者之后的重要新兴投资者。2017 年 1 月，国家电网收购巴西私营电力企业 CPFL 公司 54.64％的股权，同年 12 月，增持 CP-FL 公司股份至 94.75％。2018 年 3 月，南方电网以 13 亿美元收购加拿大资产管理公司 Brookfield Infrastructure Partners（BIP）持有的智利 Transelec 输电公司 27.8％的股权。同年 5 月，葛洲坝巴西有限公司收购巴西圣诺伦索供水项目。典型跨国并购交易案例见表 3-2。

表 3-2   2017 年至今美洲电力行业典型跨国并购交易

时间	交易额（亿美元）	收购方	被收购资产	资产类型
2017 年 1 月	63	加拿大 AltaGas Ltd.	美国 WGL Holdings Inc.	输配电
2017 年 2 月	16	加拿大 AES 公司和阿尔伯塔投资公司	美国 Sustainable 能源公司	可再生能源发电
2017 年 3 月	42	加拿大 Brookfield Asset Management Inc.	美国 TerraForm Power Inc. 38.4％的股权	可再生能源发电
2017 年 3 月	12	加拿大 Brookfield Asset Management Inc.	美国 TerraForm Global Inc.	可再生能源
2017 年 4 月	4	加拿大 Capital Power Corporation	美国 Decatur Energy Center，LLC	发电
2017 年 5 月	8	英国 Actis LLP	巴西 Gestamp Renewables Corp. 416MW 的风电场资产	可再生能源和风能
2017 年 5 月	6	日本 ORIX Corporation	美国 Ormat Technologies Inc. 22.12％的股权	可再生能源
2017 年 7 月	53	加拿大 Hydro One 水电公司	美国 Avista 能源公司	发输配售电

续表

时间	交易额（亿美元）	收购方	被收购资产	资产类型
2017 年 8 月	14	中国长江三峡集团公司、湖北能源集团公司、国新国际投资公司和 ACE 投资基金	秘鲁 Empresa de Generecion Huallaga S. A 水电站项目公司	水力发电
2017 年 11 月	12	美国 I Squared Capital	秘鲁 Inkia Energy Ltd. 在拉丁美洲和加勒比海地区的业务	发电
2017 年 12 月	67	中国国家电网有限公司	巴西 CPFL 公司 94.75％的股权	配电
2017 年 12 月	13	英国 Actis LLP	墨西哥 InterGen 在墨西哥的资产	发电
2018 年 2 月	17	瑞士 Capital Dynamics AG	美国 8point3 Energy Partners LP	可再生能源和光伏
2018 年 3 月	13	中国南方电网有限责任公司	智利 Transelec 公司 27.8％的股权	输电

数据来源：安永会计师事务所。

3.2 美洲重点国家电力行业投资环境分析

3.2.1 美国

（一）发展现状与前景

美国是世界上最发达的市场经济国家，其国内生产总值居世界首位。2017年美国 GDP 总值为 19.39 万亿美元，年增长率 2.3％，人均 GDP 为 5.9 万美元。历年美国 GDP 增长率见图 3-1。美国劳工部最新数据显示，美国失业率近年来持续下降，2017 年 6 月失业率为 3.8％，为 2000 年以来最低水平；7 月失业率有小幅上升，为 4.0％。

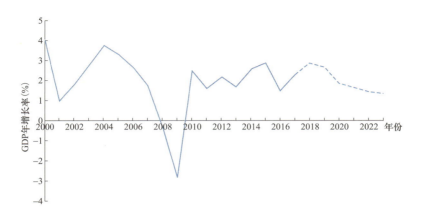

图 3-1　2000—2023 年美国 GDP 增长率

数据来源：国际货币基金组织。

截至 2018 年 5 月，美国总装机容量 1086.6GW。其中，燃气发电 462.9GW，占 42.60%；燃煤发电 249.0GW，占 22.92%；核电 99.6GW，占 9.17%；风力发电 88.6GW，占 8.15%；水力发电 79.9GW，占 7.35%；生物质、地热等其他可再生能源发电 34.4GW，占 3.17%；太阳能发电 28.9GW，占 2.66%；抽水蓄能及其他储能 23.66GW，占 2.18%，其他 19.5GW，占 1.80%，见图 3-2。

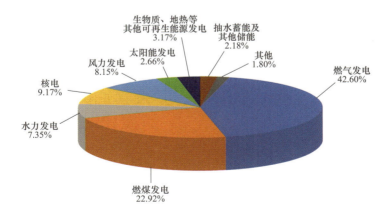

图 3-2　2018 年 6 月美国各类发电机组装机容量占比

数据来源：美国能源信息署（EIA）2018 年 7 月发布的电力信息月报（Electric Power Monthly）。

2017 年，美国净发电量为 4014.8TW·h，较 2016 年减少 1.52%。天然气

45

和其他气体发电量超过燃煤发电，达 1287.0TW·h，占 32.06%；燃煤发电量 1207.9TW·h，占 30.1%；核能发电量 805.0TW·h，占 20.05%；风能、太阳能、生物质能等可再生能源发电量占 9.65%；水力发电占 7.47%，其他发电机组发电占 0.69%。

2017 年，美国用电量为 3820.0TW·h，较 2016 年减少 1.46%。分部门来看，居民用电 1378.8TW·h，占 36.1%；商业用电 1349.2TW·h，占 35.3%；工业用电 946.4TW·h，占 24.8%；交通部门用电 7.5TW·h，占 0.2%；直接用电约 138.0TW·h，占 3.6%。

据 EIA 统计，未来 12 个月内预计新增发电机组 26.8GW。其中，位居首位的是气电，预计新增装机 14.6GW，占 54.63%；其次是风电，预计新增装机 7.2GW，占 26.7%；太阳能发电新增装机 4.21GW，占 15.7%。未来 12 月内计划退役机组容量为 11.0GW，其中约 2/3 为煤电机组，达 7.3GW。

从后期走势来看，美国电力行业产能、产量和需求将持续增长，预计到 2023 年，发电量将达 4176.4TW·h，用电量将达 4006.2TW·h，发电装机容量将达 1133.6GW，见表 3-3。

表 3-3 美国 2017—2023 年电力展望

年份	2017	2018	2019	2020	2021	2022	2023
发电量 (TW·h)	4014.804	4065.145	4111.409	4146.066	4142.998	4150.578	4176.388
用电量 (TW·h)	3820.0	3880.1	3911.1	3942.8	3962.5	3982.3	4006.2
装机量 (MW)	1 086 557.9	1 126 496.3	1 129 463.8	1 134 331.7	1 130 554.1	1 130 242.8	1 133 604.6

注 2018—2023 数据年为 BMI 预测值。
数据来源：EIA、BMI。

由于美国天然气价格持续维持低位，美国对新能源发展给予大量政策支持，天然气发电和新能源发电（不包含水电）在未来几年内将占据美国电力行业发展的主导地位。州政府层面提出了推进深海风电项目建设。另一方面，由于缺乏政策支持，核电发展受限。

美国天然气发电持续增长，燃煤发电保持下降趋势。据EIA预计，2018年夏天美国天然气发电将在电力供应中占37％，接近2016年的天然气发电占比（历史最高位）；2018年夏季燃煤发电量占比将小幅下降至30％，持续燃煤发电占比多年下降的趋势。

美国加速发展海上风电。2018年3月，美国能源部（DOE）宣布向"海上风电研发联盟"资助1850万美元，旨在强化公私合作，加快海上风电技术研发突破，解决海上风电资源评估、物理场地表征选址、运营和维护以及供应链技术等一系列问题。美国正在利用新兴海上风电市场，推出首个商业化海上风电项目Block Island风电场以及在沿海地区的其他项目。美国东部沿海地区决定到2030年开发8GW的海上风电项目。其中，新泽西州计划开发目标为3.5GW；纽约州计划开发目标为2.4GW；马萨诸塞州计划开发目标为1.6GW；马里兰州计划开发两个项目，总容量368MW。康涅狄格州的行动最快，已经发出了相关项目的招标文件，吸引开发商前往投资海上风电。

（二）市场结构

美国发电企业的所有制格局由私营电力公司（Investor‐Owned Utilities）、联邦政府经营的电力局（Federal Power Agencies）、市政公营电力公司（Public Owned Utilities）、农电合作社（Rural Electric Cooperatives）和非公用事业发电商（Non‐utility Generator）5种形式的电力企业构成。私营电力公司几经合并，已由2000余家变为约240家，联邦政府经营的电力局有10家（田纳西河流域管理局、邦维尔电力局、西南电力局等），农电合作社约有900多家，市政所属的公有电力公司有2000多家。私营公司大多从事发电、输电和配电业务垂直一体化经营。

在发电领域，田纳西河流域管理局（TVA）拥有最大发电市场份额，占总体的3.1％；其次是爱克斯龙（Exelon）电力公司，拥有2.6％的市场份额；第三是佛罗里达电力照明公司（FPL），拥有 2.2％的市场份额。

（三）电力政策与规划

美国联邦政府和州政府层面均出台一系列措施促进新能源发展。联邦政府层面，通过施行新能源产品税收抵免（PTC）和投资税收抵免（ITC）政策鼓励诸如风能、太阳能和地热能等新能源发展。州政府层面，制订了新能源配额定比（RPS），规定在管辖区域内的能源交易中，新能源占比目标达到 10％～40％，各州目标期限不同，多数到 2020 年、2025 年或 2035 年。2016 年底有 46个州施行了该项计划。

特朗普政府 2017 年废除《清洁电力计划》，颁布《美国能源第一计划》，并退出《巴黎协定》，为美国新能源发展带来不确定因素。2017 年 1 月，美国总统特朗普废除了前总统奥巴马签署的《清洁电力计划》，并同时颁布《美国第一能源计划》。该计划将大力发展美国本土页岩油气，加大石油产量，减少油气对外依赖；同时支持清洁煤炭技术，推动煤炭产业复兴。2017 年 6 月，特朗普宣布退出《巴黎协定》，称其为美国带来"苛刻财政和经济负担"，并于 2017年 8 月向联合国正式递交文书。

3.2.2　墨西哥

（一）发展现状与前景

墨西哥是拉丁美洲地区第二大经济体。2017 年，墨西哥 GDP 总值为 11.49万亿美元，年均增长 2.0％，与 2016 年相比下降 0.9 个百分点。2017 年，墨西哥人均 GDP 为 9300 美元。墨西哥历年 GDP 增长率见图 3-3。2017 年底，墨西哥年化通胀率达 6.77％。根据国际货币基金组织预测，未来两年墨西哥经济将向好发展，预计 2018 年墨西哥 GDP 将增长 2.3％。

截至 2017 年底，墨西哥发电机组总装机容量为 77.5GW。其中，天然气发电 44.1GW，占 56.94％，位居第一；水力发电 12.6GW，占 16.29％；燃油发电 6.6GW，占 8.53％；燃煤发电 6.0GW，占 7.76％；风力发电 4.0GW，占

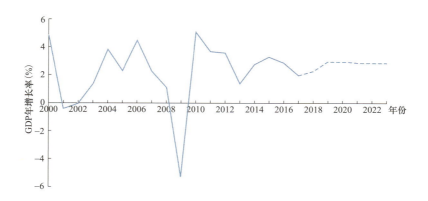

图 3-3　2000—2023 年墨西哥 GDP 年增长率

数据来源：国际货币基金组织。

5.17％，核能发电 1.6GW，占 2.00％；生物质发电 1.1GW，占 1.36％；地热发电 1.0GW，占 1.24％；光伏发电 0.6GW，占 0.71％，见图 3-4。

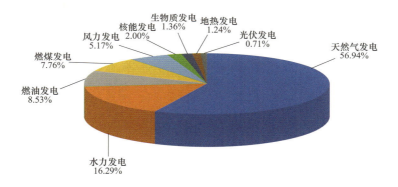

图 3-4　2017 年墨西哥各类发电机组装机容量占比情况

数据来源：GlobalData。

据预测，2018—2025 年墨西哥新增发电装机容量将累计达到 33.6GW，其中占比最高的为天然气发电，占 40％；其次为光伏发电，占 28％；风电占 25％，水电占 3％，生物质发电和地热发电共占 3％。2017 年墨西哥发电量为 299.18TW·h，用电量为 222.30TW·h。

根据墨西哥能源部（SENER）"墨西哥电力部门发展规划"，2016—2030 年期间，墨西哥电力行业将需要投资金额达 1316 亿美元，共需建设 400 个新发电厂，铺设 2.8 万 km 输电线路。其中，发电部门所需投资达 986.86 亿美元，占 75％，增加的发电装机容量将为 57GW，风电装机将从 2016 年的 3860.7MW 增长到 2030 年的 15 101.1MW。其中，光伏发电装机将从 2016 年的 1031.2MW 增长到 2030 年的 6890MW。此外，将停止 140 座旧火电厂的使用。主要开展的项目包括下加州接通全国电力系统项目、特墨直流电项目，以及连接美国亚利桑那州图森和墨西哥索诺拉州加利斯电力项目。在发展规划上，墨西哥政府还首次提出公私合营的经营方式，除基础设施建设外，还包括设计、维护、经营等模式。

可再生能源领域发展得到政府的大力支持。《可再生能源利用特别计划》（*Special Program for the Use of Renewable Energies*）是墨西哥政府在风电和光伏发电领域主要的指导文件，其主要目标一是增加可再生能源发电的装机容量和发电量，二是增加政府和私人领域对可再生能源发电建设的投资，三是提高生物质发电的装机比例。《可再生能源证书指导意见书》（*Guidelines establishing and issuing Clean Energy Certificates*）明确了可再生能源证书的获取条件，旨在鼓励可再生能源发电并降低政策实施成本。每个可再生能源证书对应可再生能源 1MW•h 的电量。对于可再生能源证书数量未达标的发电企业，将受到 30～250 美元/（MW•h）的罚款。在 2016 年第一批可再生能源招标中，政府发布了高达 600 万张证书，旨在增加 2500MW 的可再生能源装机。

（二）市场结构

墨西哥国家电力公司（CFE）又称墨西哥联邦电力委员会，由政府设立，在墨西哥电力工业中处于主导地位。CFE 拥有墨西哥国家电网，提供发电、输电、配电一体化服务，为超过 3850 万客户生产和分销电力。在过去几年中，墨西哥政府对其电力市场进行了大规模的改革，向私营电力生产商开放。根据墨西哥能源法规定，CFE 于 2017 年 2 月完成改组，分成发、输、配、售四个部分，按照业务板块拆分为 13 家子公司：发电公司（6 个）、输电公司、配电公司、基础供电公司、合同管理公司、特殊客户供电公司、能源公司和国际公司等。该公司目前发电量占全国总发电量的60％左右，加上和独立发电商签订的长期双边合同，可支配的发电容量可以达到80％～90％。输配电网络仍然由国家持有，社会资本以及外国资本可以与CFE旗下子公司签订协议，通过合资合营的方式参与输配电业务。

电力批发市场（WEM）是墨西哥主要的电力交易市场，CFE和独立电力供应商（IPPs）可以通过WEM与电力用户进行交易。达到一定规模的大用户可以直接进入电力批发市场购电，成为大用户的门槛以后会逐步降低。不能直接在批发侧购电的用户，则可以通过相应的售电商参与市场。

墨西哥国家电网分为四部分，即北部电网、北下加利福尼亚电网、南下加利福尼亚电网和南部电网，其中南部电网公司是最大的电网公司，北部与美国的德克萨斯州相连。配套法律签署后，墨西哥将调度交易功能从国家电力公司独立出来，成立了独立的调度交易中心（CENACE），全权负责墨西哥电力系统和电力市场的运营，以及输电网的规划。在规划方面，CENACE主要负责未来十五年的电网规划，以保证电力系统的协调发展；在市场功能上，负责运行管理包括日前和实时的现货市场、中长期的容量和能量市场、输电权市场以及绿证市场等；在运行方面，负责保证墨西哥电力系统安全运行。

此外，墨西哥能源部（SENER）负责制定墨西哥的能源战略与政策，包括能源效率和能源安全；能源监管委员会（CRE）负责市场监管，颁发发电许可，管理清洁能源许可、排放许可并制定电价。

（三）中国电力企业重点关注的领域

第一，风能和光伏发电项目。墨西哥政府大力支持新能源开发，据预测，2018－2025年墨西哥风力发电装机容量将新增8446.3MW，占总新增发电量的25％；光伏发电装机容量将新增9452.7MW，占总新增发电量的28％。光伏发电方面，2018年6月墨西哥联邦财政和行政法院宣布取消太阳能光伏组件15％的进口关税，这将降低太阳能项目成本；2018年7月，CFE解除了对分布式发电系统的限制，允许中小型光伏发电系统接入国家电网，并可将多余电力出售给 CFE，CFE 通过电力补偿或现金支付等方式向用户购买。风电方面，2017年 8 月西班牙安迅能（ACCIONA）公司中标风电项目，将在墨西哥建造最大的风力发电厂，项目价值约 6 亿美元，装机容量为 424MW；2018 年 6 月，维斯塔斯（Vestas）公司获得 EnerAB 公司（AES 和 Grupo BAL 的合资公司）的306MW 购电协议（PPA）订单，在墨西哥订单量超过 2.1 GW。

第二，高压直流输电线项目。随着墨西哥发电机组扩建，包括新能源大力开发，墨西哥输配电资产需求快速增长。2018 年第一季度，墨西哥能源部和墨西哥国家电力公司（CFE）公布了 2014 年能源改革后首次招标的两条输电线路的投标条款。墨西哥能源部招标项目预计投资额为 11 亿美元，CFE 招标项目预计投资额为 17 亿美元。

3.2.3 巴西

（一）发展现状与前景

2015－2016 年巴西经济衰退，GDP 每年下跌 3.5％，2017 年经济开始复苏，GDP 总值达 20.55 万亿美元，年增长率为 1.0％，人均 GDP 为 9890 美元。根据国际货币基金组织预测，未来 5 年巴西经济形势乐观，预计 2018－2023 年巴西 GDP 平均增长 2.2％，见图 3-5。

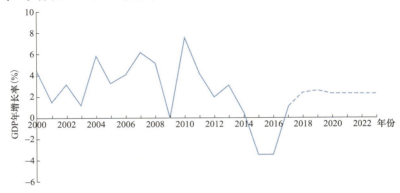

图 3-5 2000－2023 年巴西 GDP 年增长率

数据来源：国际货币基金组织。

截至 2017 年底，巴西发电机组总装机容量为 158.0GW。其中，水力发电 100.3GW，占 63.51%，位居第一；天然气发电 15.2GW，占 9.63%；生物质发电 14.6GW，占 9.22%；风力发电 12.8GW，占 8.09%；燃油发电 8.8GW，占 5.57%，燃煤发电 3.3GW，占 2.10%；核电 1.9GW，占 1.19%；光伏发电 1.1GW，占 0.69%，见图 3-6。

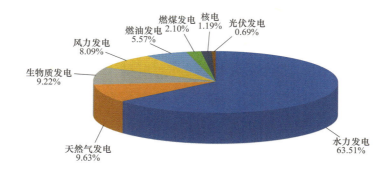

图 3-6　2017 年巴西各类发电机组装机容量占比情况

数据来源：GlobalData。

据预测，2018－2025 年新增发电装机容量将累计达到 52.2GW，其中累计新增发电装机占比最高的为水电，占 31%；其次为风电，占 27%；光伏发电占 19%，天然气发电占 18%，核电占 4%。巴西 2017 年发电量为 587.1TW•h，用电量为 525.8TW•h。

巴西可再生能源发展空间巨大。巴西十年能源扩张计划 PDE 2026 预计非水可再生能源将在 2026 年占到能源组合中的 48%。到 2026 年，风力发电装机将由 2016 年的 10.03GW 增长至 28.47GW，占比由 6.8% 增长至 13.4%，年均增长率达到 11.0%；太阳能发电装机由 0.02GW 增长至 9.66GW，占比由 0.0% 增长至 4.5%，年均增长率高达 85.5%，而水力发电和非可再生能源发电装机占比均有所下降。与《能源发展十年计划 2009－2019》相比，巴西电力结构发展方向有显著的改变，电力发展重点从水电和其他常规能源转向非水可再生能源。

大量海外资本进入巴西电力行业。2017 年 6 月，意大利电力集团 Enel 以 55.5 亿雷亚尔收购当地配电商 Eletropaulo 73％的股份，Enel 公司管理层宣布将在 2019－2021 年期间给 Eletropaulo 公司投资 9 亿美元，主要用于服务升级和电网数字化，降低成本和能源损失。中国国家电网计划未来 5 年向巴西投资至少 1400 亿雷亚尔，包括在电网、发电设施以及其他领域的投资，预计仅输电领域的投资就将超过 900 亿雷亚尔。

（二）市场格局

巴西电力体制改革前，电力工业由联邦政府独家经营。1993 年，巴西政府开始电力行业的私有化改革，逐步分离发、输、配环节，建立电力批发市场和特许权拍卖市场。

巴西的电力监管主体包括矿产能源部（MME）、巴西电力监管局（ANEEL）、国调中心（ONS）和电力商业化促进会（CCEE）。MME 代表联邦政府制定电力工业相关政策、准则和制度；ANEEL 为巴西全国性的电力监管机构，负责监管电力行业，制定相关政策，保护消费者利益，提升电力服务质量，确保经销商长期的资金资源；ONS 负责全巴西电网调度运行，管理输电网，对互联系统的发电和输电业务进行协调、监督和控制；CCEE 依据 ANEEL 授权，负责电力市场的商业化运营，并具体组织实施电力项目竞标。中国电力企业可以在 ANEEL 制定的相关法律法规框架下通过竞标、参股和并购等方式获得投资机会。

除上述监管机构外，MME 下设巴西电力研究中心（EPE），负责进行能源行业，包括电力、石油、煤炭及可再生能源等的战略研究，为 MME 制定能源战略提供决策支持。

自 20 世纪 90 年代中期，巴西开始将部分国有发电资产私有化。目前，私有发电资产和国有发电资产各占一半。其中，巴西电力公司 Eletrobras 为巴西最大的国有发电公司，其装机容量占全国总装机容量的 29.7％。Engie 电力公司为巴西最大的私有发电公司，装机容量占总装机量的 5％。

2016 年初，三峡集团中标巴西伊利亚、朱比亚两座水电站资产完成交割，成为巴西第二大私有发电企业。2018 年 6 月，意大利电力公司 Enel 收购了巴西圣保罗大都会电力公司（Eletropaulo）73％的股权。通过此次收购，Enel 将取代由中国国家电网控股的 CPFL 电力公司，成为巴西最大的配电商。

（三）中国电力企业重点关注的领域

第一，可再生能源发电项目。巴西由于多地遭受干旱，水力发电受到影响，出现断电事故，政府计划将发电方式进行多元化发展，开发新能源发电。但由于过去几年巴西总体经济停滞甚至衰退，能源行业发展也止步不前。自 2017 年起巴西经济开始复苏，各项能源计划也逐渐开始落地实施。例如，2018 年 4 月巴西举行了 2018 年首次电力供应合同逆向拍卖。此次拍卖中，巴西承包商 Steelcons 共签署了总装机容量达 376MW 的 9 个光伏项目。Canadian Solar 公司及其合作伙伴共签署了 11 个光伏项目合同，总装机容量达 364MW。此外，EDF 公司共签署了达 114MW 的风电合同，成为本次拍卖唯一成功拍得风电项目的企业。

第二，输变电项目。目前，巴西多个发电厂正在建设中，电力输配需求量大，输配电市场缺口打开。巴西国家电力公司 Electrobras 提出 2018－2022 年商业计划，拍卖旗下特殊目的公司（SPCs），其中包括 11 家 SPCs 的 1000km 输电线路资产。2018 年 6 月，巴西电监局进行了最新一轮 A－4 招标，涉及 20 个输电项目。印度输电商 Sterlite Power Grid Ventures Ltd. 中标 6 个输电项目，包括 23 个变电站、2000km 的输电线路和 5500MV·A 的输送容量，将帮助巴西将可再生能源电力从北部和东北部地区输送到负荷相对集中的南部和东南部。

第三，水力发电项目。巴西水资源丰富，发电成本较低，水力发电作为巴西的主要发电方式，可投资市场较大。2018 年 A－6 能源项目拍卖包括 70 个水电项目，项目竞拍成功的公司将同时获得 30 年的购电协议。此次拍卖中，EPE 将拍卖总计 919MW 的小型水电项目。

3.2.4 阿根廷

（一）发展现状与前景

2017 年，阿根廷 GDP 总值达 6377 亿美元，年增长率为 2.9％，人均 GDP 为 14 402 美元。根据国际货币基金组织预测，未来 5 年巴西经济形势乐观，预计 2018－2023 年阿根廷 GDP 平均增长约 2.9％，见图 3-7。

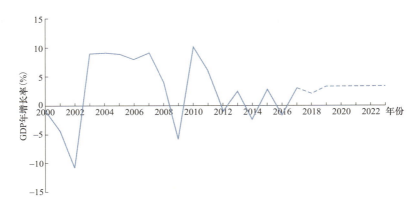

图 3-7　阿根廷 GDP 年增长率

数据来源：国际货币基金组织。

截至 2017 年底，阿根廷发电机组总装机容量为 37.1GW。其中，天然气发电 21.6GW，占 58.34％，位居第一；水力发电 10.1GW，占 27.26％；燃油发电 2.3GW，占 6.28％；核电 1.6GW，占 4.40％；燃煤发电 0.8GW，占 2.08％，生物质发电、风力发电和光伏发电共 0.6GW 占 1.63％，见图 3-8。

据预测，2018－2025 年阿根廷新增发电装机将累计达到 22.7GW，其中累计新增发电装机占比最高的为天然气发电，占 26％；其次为风电，占 24％；水电占 21％；光伏发电占 14％；核电占 8％。阿根廷 2017 年发电量为 148.29TW·h，用电量为 124.7TW·h。

阿根廷政府于 2016 年计划到 2017 年底实现非水新能源发电占比达到 8％，到 2025 年底突破 20％。但由于阿根廷输电线路处于十分饱和的状态，电力基

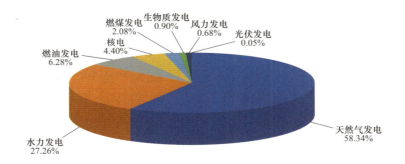

图 3-8　2017 年阿根廷各类发电机组装机量占比情况

数据来源：GlobalData。

础设施相对薄弱，目前的电网无法保证新能源发电入网的需求，因此实现该目标的时间相应推迟。据分析，新能源发电量占总发电量 8% 的目标或将在 2019 年底得以实现。据阿根廷内阁首席部长培尼亚向国会提交的一份报告称，为保证新能源发电入网，需扩建至少 5800MW 的输电线路，其中 2400MW 位于大布宜诺斯艾利斯地区。

为推动阿根廷新能源发展，政府采取了一系列行动，包括建立基金会和颁布新能源使用的相关法律。其中，新能源基金预计在 2026 年将累计达到 310 亿美元。另外，法规要求用电量达到或大于 300kW·h 的大型能源消耗用户自法律生效后的第一年起，用电结构中新能源需占比 1%，之后每 6 个月新能源占比增加 1%，直至该比例达到 8%。

近年来，中国企业向阿根廷电力行业输出大量资金和技术，主要涉及水电和核电项目，新能源投资比例相对较少。葛洲坝集团投资 380 亿元人民币承建阿根廷基塞水电站项目，项目装机 8 台，总装机容量为 1310MW。但该项目在 2015 年末阿根廷新一届政府上台后经历合同条款变更谈判，后又因缺少环评报告被阿根廷环保组织起诉而暂停施工，2017 年 10 月联邦最高法院对项目解除了禁令，项目得以重启。2017 年 5 月，中核集团与阿根廷电力公司签署了关于阿根廷第四座和第五座核电站的总合同，将共同在 2018 年开工建设一台 70 万 kW CANDU-6 型重水堆核电机组，在 2020 年开工建设一台百万千瓦级华龙一号压水堆核电机组，总投资预计达 125 亿美元。

（二）市场格局

1992 年 1 月，阿根廷联邦政府开始施行《电力法》，电力行业开始了放松管制和私有化进程，发、输、配环节逐渐分开。在发电领域，AES 公司是最大的发电企业，占据 9.8% 的市场份额；其次是 Pampa Energia 公司，占据 8.3% 的市场份额。配电领域监管严格，竞争性较低，三家主要配电公司（Edenor、Edesur 和 Edelap）拥有绝大部分市场份额。在输电领域，国家输电公司 Transener 负责运营国有输电网络。

（三）中国电力企业重点关注的领域

第一，可再生能源发电项目。阿根廷预计将进行一系列可再生能源拍卖，到 2025 年将拍卖 1000 万 kW 可再生能源。中国企业可以发挥在光伏发电和风力发电领域的技术优势和成本优势，向阿根廷输出技术和产品，支持阿根廷的可再生能源计划。

第二，高压输电线路建设项目。阿根廷电力需求增长较快，政府大力推动新能源发展，中国企业可以通过 EPC 工程承包 PPP 模式参与阿根廷高压输电线路建设。阿根廷政府计划招标 7 个 500kV 输电线路项目，总计长 2175km，投资额为 22 亿美元。

3.2.5 智利

（一）发展现状与前景

2017 年，智利 GDP 总值达 2770 亿美元，年增长率为 1.5%，人均 GDP 为 15 348 美元。根据国际货币基金组织预测，未来 5 年智利经济将迅速发展，预计 2018—2023 年巴西 GDP 平均增长高于 3%，见图 3-9。

截至 2017 年底，智利发电机组总装机容量为 23.8GW。其中，水电 6.6GW，占 27.91%，位居第一；天然气发电 5.4GW，占 22.66%；燃煤发电 5.2GW，占 22.00%；燃油发电 2.9GW，占 12.19%；光伏发电 1.8GW，占

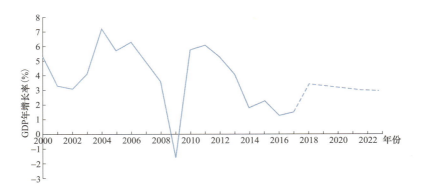

图 3-9 智利 GDP 年增长率

数据来源：国际货币基金组织。

7.68％，风力发电 1.3GW，占 5.48％；生物质发电和地热发电共计 0.5GW，占 1.97％，见图 3-10。

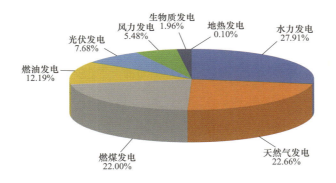

图 3-10 2017 年智利各类发电机组装机量占比情况

数据来源：GlobalData。

预计 2018—2025 年智利新增发电装机量将累计达到 15.6GW，其中累计新增发电装机占比最高的为光伏发电，占 50％；其次为风电，占 25％；天然气发电占 10％；水电占 9％。2017 年智利发电量为 74.82TW·h，用电量为 70.92TW·h。

智利的主要能源为化石燃料，大量依赖进口。2012 年智利实施了一项能源计划，旨在扩大非传统再生能源发电装机容量，提高能源效率，建设更稳固和可持续的水力发电，电网延伸扩建，电网互联互通，以及促进可持续的金融体系。

2008 年，智利颁布《非传统可再生能源（NCRE）法》，规定电力公司有义务保证向最终客户销售的能源中至少有 5％的能源直接或间接来自 NCRE。从 2015 年起这一比例将每年递增，到 2025 年达到 20％。

为了促进发电机组持续增长，保障新能源开发利用，智利开展大量新能源项目公开拍卖。2017 年 10 月的新能源拍卖，Enel 公司给出最低报价 21.48 美元/（MW·h），西班牙电力和天然气公用事业公司 Gas Natural Fenosa 的子公司 GPG Solar Chile 公司给出了第二个最低报价 24.80 美元/（MW·h）。此次拍卖的平均价格为 32.5 美元/（MW·h），总容量为 2200GW·h。

智利政府加强输电网络建设。目前，智利的电力系统有四个系统：北部电力系统、中央电力系统（在智利供电电量最大、供电范围最广），以及另外两个地区性电力系统，分别位于艾森（Aysen）地区和麦哲伦（Magallanes）地区。为了配套新增发电机组上网以及新能源消纳，2017 年 11 月，智利将北部电力系统和中央电力系统贯通，形成新的国家电力系统，覆盖全国 97％的人口，装机容量约 24 000MW。

（二）市场格局

智利通过 1978 年的立法改革，成为世界上第一个全面改革电力行业的国家。垂直和平行拆分开始于 1981 年，然后是 1986 年的大规模私有化。如今，智利能源总体供求平衡，电力行业从发电、输电、变电到配电均交予私人企业。企业根据市场需要自行决定发电量。同时，私人资本也广泛参与电力生产和供应环节。

在发电领域，AES Gener（美国 AES 在智利的分公司）是智利最大的发电公司，市场占有率为 31.4％。Enel 智利公司市场占有率为 26.5％。Colubun 公司和法国 Engie 公司市场占有率为 14.5％和 11.8％，其他发电公司占 15.8％。

在输电侧，Transelec 电力公司是智利最大的输电企业，拥有智利中部电网

SIC 78%的份额、北部电网 SING 的全部份额，同时还在秘鲁拥有 650km 输电线路，总输电线路超过 10 000km。2018 年 3 月，中国南方电网公司以 13 亿美元的价格收购 Transelec 公司 27.8%的股权。

（三）中国电力企业重点关注的领域

第一，输配电项目。智利风能资源主要集中在南部地区，但负荷集中在北部地区，需要建设输电线路将风电送出。中国企业可以充分发挥已投资产的平台作用，选择影响力大、协同效应显著、回报稳定的输配电资产开展直接投资和再投资，以投资带动工程承包、装备制造和技术合作等多种国际产能合作形势，实现协同滚动发展。

第二，新能源项目。目前，智利发电高度依赖化石燃料进口；因遭受干旱，水力发电时而受到影响；因地震频发，智利暂缓核电发展。为此，智利政府大力推进新能源发展，以保障国家能源安全。中国企业可以关注并投资建设智利的风能、太阳能及地热能项目。

3.3　美洲电力行业跨国投资典型案例分析

3.3.1　中国国家电网公司收购巴西 CPFL 电力公司

2017 年 1 月，中国国家电网公司成功收购巴西最大的私营电力企业——CPFL 公司 54.64%的股权。2017 年 12 月，国家电网公司宣布增持 CPFL 公司 4.08 亿股，收购金额超过 110 亿雷亚尔，持股比例增加至 94.75%。要约收购完成后，CPFL 项目总交易金额超过 250 亿雷亚尔，是国家电网公司迄今为止交易规模最大的海外收购项目。

CPFL 公司是巴西最大的配电企业，全资拥有 9 个配电特许权公司，业务主要包括配电和新能源发电等，服务区域面积 30.4 万 km^2，在巴西配电市场所占份额为 14.3%。CPFL 公司还控股巴西第一大新能源公司，在运新能源权益装机容量 108 万 kW。这两次交易巩固了国家电网公司在巴西配电领域的领先地位，为国家电网公司开拓了巴西配电和清洁能源发电市场，与国家电网公司在巴西既有的输电资产形成良好的协同效应，带动了国际合作和产能输出。

3.3.2 加拿大第一电力公司收购美国 Avista 能源公司

2017 年 7 月，加拿大第一电力公司（Hydro One）为拓展美国市场决定收购美国能源公司 Avista，预计花费 53 亿美元，两者合并后将成为北美规模最大的政府监管公用事业公司。

Avista 总部位于华盛顿州斯波坎（Spokane）市，是一家多元化（电力和天然气）公用事业公司，从事发电和输配电业务，并在美国和加拿大分销天然气。此次交易将为 Hrydro One 提高能源服务能力，并降低成本，目前交易仍待美国监管部门批准。2018 年 7 月，加拿大安大略省省长福特宣布 Hydro One 的 CEO 和董事局集体离职，该领导层动荡可能会影响美国监管机构对收购案的看法。

3.3.3 加拿大资产管理公司 Brookfiled 收购美国 SunEdison 子公司

2017 年 10 月，加拿大资产管理公司 Brookfiled 宣布以 6.5 亿美元完成对美国 SunEdison 子公司 TerraForm Power 51％ 股权的收购。2017 年 12 月，Brookfield 宣布以 7.5 亿美元完成对美国 SunEdison 另一家子公司 TerraForm Global 100％ 股权的收购。随后，TerraForm Global 退出了纳斯达克交易所，而 TerraForm Power 仍在纳斯达克交易。

SunEdison 曾经是世界上最大的清洁能源公司。由于战略失误，该公司资金周转出现严重问题，被迫在 2016 年申请了破产保护。在 SunEdison 的所有资产中，TerraForm Power 和 TerraForm Global 两家子公司名下的风力、太阳能发电站被认为是最具有出售价值的资产。TerraForm Global 目前在全球拥有 31 个风能和太阳能电站，总装机容量达 952MW；这些电站分布在巴西、印度、中国、南非、泰国等国家。

3.3.4　加拿大 AES 公司收购美国新能源企业 FTP Power

2017 年 2 月，加拿大 AES 公司和阿尔伯塔投资公司（AIMCo）以 16 亿美元收购了美国最大的独立太阳能开发商 FTP Power（即 sPower，又名 Sustainable Power Group），并承担其无追责权债务。AES 和 AIMCo 将各自直接独立购买并持有 sPower 略低于 50% 的股权。sPower 是 Fir Tree 旗下一家投资组合公司，在美国拥有并运营 1274MW 太阳能和风能项目。交易完成后，AES 运行和在建的可再生能源项目装机容量将从 8278MW 增长至 9552MW，项目包括水电、风电、太阳能发电和储能。此次收购为 AES 和 AIMco 带来了美国新能源领域的开拓渠道和开发平台。

3.3.5　湖北能源集团收购秘鲁水电站

2017 年 8 月，湖北能源集团股份有限公司宣布将与 ACE 及国新国际投资有限公司共同投资，从 Odebrecht Latinvest 公司收购 EHG 查格亚水电站项目公司，水电站装机容量为 456MW。预期将以 13.9 亿美元进行收购，最终成交价格将根据情况进行调整，其中，湖北能源集团股份有限公司对应股权出资额约 2.77 亿美元。

目前，湖北能源集团股份有限公司旗下的清江水布垭电站大坝是世界上最高的面板堆石坝，坝高 233m；秘鲁查格亚水电站大坝也是面板堆石坝，坝高 211m。为响应国家"走出去"战略，湖北能源集团股份有限公司一直积极寻找境外和主业相关的投资项目。秘鲁水电资源丰富，对清洁能源开发、投资运营的开放度很高，当地政局、汇率等稳定，主权评级较高。此次收购的秘鲁查格亚水电站项目公司装机容量在该国排名前五，盈利预期较为稳健。

4

亚洲和大洋洲电力行业跨国投资分析

4.1 亚洲和大洋洲电力行业跨国投资概况

(1) 亚洲政局总体稳定，个别国家的恐怖袭击和局部争端引发政治风险上升。经济仍处于上升势头，是全球经济最有活力的地区，发展前景依然强劲。
2017年，亚洲稳定性因素与风险性因素并存，受恐怖袭击、局部争端等因素影响，政治风险有所上升；朝鲜半岛形势逐渐回暖，当前局势发生了引人瞩目的变化，但远期局势发展仍然存在一定的不确定性。

根据 IMF 2018年7月的预测结果，亚洲在 2018—2019年的经济增长预期为 5.6%，亚洲新兴市场国家的经济增长率将保持稳健，在 2018—2019年保持在 6.5%。其中，印度经济增长率将从 2017年的 6.7% 提高到 2018的 7.3% 和 2019年的 7.5%；东盟经济增长率则保持在 5.3% 左右。虽然在中期内偏于下行，但前景强劲，继续领跑全球。全球复苏的预期为亚洲进出口和投资提供了支持，同时"一带一路"倡议的实施，也能为该地区贸易、投资和经济增长提供动力。但全球金融状况的收紧、保护主义政策倾向以及地缘政治紧张局面等因素，为亚洲经济的稳定性带来了风险和冲击。

(2) 亚洲和大洋洲电力行业投资环境相对稳定，但地区间差异比较大。近年来投资环境还在不断提升中，营商环境也不断改善。

根据 2018年第三季度 BMI 对亚洲和大洋洲电力行业投资环境的评估结果，亚洲和大洋洲电力行业 RRI 平均为 54.5，仅次于西欧地区。其中，RRI 排在前列的包括阿拉伯联合酋长国、马来西亚、澳大利亚、韩国和新加坡，投资环境位于世界前列。朝鲜、黎巴嫩、缅甸、柬埔寨、老挝以及中亚各国等国家和地区投资环境较差。

根据世界银行发布的《2018年营商环境报告：改革以创造就业》，全球营商环境排名前10的地区中有5个位于亚洲和大洋洲，包括新西兰、新加坡、韩国、中国香港（且都位于全球前5位）及格鲁吉亚。印度、文莱、泰国、乌兹别克斯坦进入了进步最快的 10 个国家行列。过去 15 年来，东亚经济体共实施改革 371 项，使开办企业耗时从 2003 年的 50 天缩短为目前的 24 天；南亚地区共实施改革 127 项，开办企业平均耗时从 50 天以上缩短到 17 天。

（3）亚洲电力需求基数大，未来 10 年增势减弱但投资比例仍超过全球的一半，同时持续低碳转型发展，清洁能源、电网等领域投资需求巨大。

根据 IEA 的预测，亚洲在未来数十年内的电力需求增长速度与过去相比（2000－2016 年的增长率为 6.2%）大幅下降，电力需求将从 2016 年的 9433TW·h 增长到 2040 年的 16 155TW·h，年均增长 2.3%，高于美洲、欧洲，比世界电力需求平均增幅（1.7%）高 0.6 个百分点。2017－2040 年，亚洲电力行业投资规模约 98 610 亿美元，尽管增速较慢，但由于基数大，占世界电力行业投资总额的比例仍然高达 51%。其中，发电投资（56 480 亿美元）占比略高，占亚洲电力行业投资总额的 57.3%；电网投资 42 130 亿美元，占 42.7%。

从发电结构来看，亚洲电力行业将继续深化低碳转型。根据 IEA 的预测，亚洲可再生能源发电占比将从 2016 年的 23% 提高到 45%，核电占比将从 4% 提高到 9%，燃煤发电占比将从 53% 降到 35%，燃油发电占比将从 5% 降低到 1%，燃气发电占比将保持 19% 不变；发电量增长率从高到低依次为光伏发电、风力发电、地热发电、核电、生物质发电、燃气发电、水力发电、燃煤发电，燃油发电为负增长，见表 4-1。

表 4-1 　　　　　　　　　　**亚洲电源结构变化趋势**

发电类型	2016 年		2040 年		平均增长率（%）
	发电量（TW·h）	占比（%）	发电量（TW·h）	占比（%）	
燃煤发电	6469	53	7941	35	0.9
燃油发电	591	5	307	1	−2.7
燃气发电	2267	19	4424	19	2.8
核电	476	4	1945	9	6.0
水力发电	1737	14	2763	12	2.0
生物质发电	178	1	727	3	6.0

发电类型	2016 年		2040 年		平均增长率（%）
	发电量（TW·h）	占比（%）	发电量（TW·h）	占比（%）	
风力发电	319	3	2202	10	8.4
地热发电	33	0	140	1	6.2
光伏发电	135	1	2172	10	12.3
光热发电	—	—	—	—	—
海洋发电	—	—	—	—	—
总计	12 207	100	22 800	100	2.6

数据来源：IEA。

（4）亚洲地区部分国家推进电力市场改革和私有化改革，将吸引更多外资；澳大利亚外资审查资格趋紧，未来资产投资将面临减少的风险。

亚洲地区国家正推行能源改革措施，如电力领域拆分（日本）、资产私有化（菲律宾）、引入零售竞争（中国和印度）等，2018 年将吸引更多投资，并为辅助服务业务和电池储存等技术开辟投资渠道。澳大利亚为确保可再生能源电力供应的可靠性，关注电网升级改造和储能电池技术投资。一些州政府继续出售输配电（气）资产，以筹集电网基础设施升级与创新研发资金。同时，澳大利亚还在进一步加强外国投资者对关键基础设施投资监管，对外国投资的干预不断加强。

（5）亚洲和大洋洲电力行业存量并购基数较大，且还在稳步增长中。新能源和输配电领域主导了存量并购的增长趋势，且中国、美洲、澳大利亚为主要的并购主体。

亚洲和大洋洲电力行业存量并购规模稳步增长。由于亚洲和大洋洲各国对电气化程度提高的需求，以及各类新能源发展的鼓励政策，电力行业并购向新能源领域倾斜；同时，新能源的投资也促进了对电网升级和稳定性的投资。其中，新能源领域并购年均增长 72%，达到 135 亿美元，共计 74 件；输配电领域年均增长 51%，达到 201 亿美元，共计 23 件；但同时常规发电领域的并购量有所下降，仅有 17 亿美元，18 次并购。在投资主体中，财务投资者偏好新能源领域，例如加拿大公共部门养老金投资委员会、美国全球基础设施伙伴公司等。同时，中国内地和香港企业也在亚太地区的并购中占据了较大的份额，如中国香港长江实业集团、长江地产和电能实业、中国香港周大福实业集团等，且更倾向于输配电领域。典型跨国并购交易见表4-2。

表 4 - 2　　　2017 年至今亚洲和大洋洲电力行业典型跨国并购交易

时间	交易额（亿美元）	收购方	被收购资产	资产类型
2017 年 1 月	98	中国香港长江实业集团、长江地产和电能实业	澳大利亚 Duet Group	输配电
2017 年 2 月	2	日本 JERA Co.	印度 ReNew Power Ventures Pvt. Ltd. 10% 的股权	可 再 生 能源
2017 年 3 月	31	中国香港周大福实业集团	澳大利亚 Alinta Energy Limited	输配电
2017 年 4 月	6	澳大利亚麦格里基金	印度 Hindustan Powerprojects Pvt. Ltd. 330MW 太阳能发电资产	输配电和光伏
2017 年 5 月	56	澳大利亚麦格里基金、澳大利亚 AMP 资本投资公司、加拿大大不列颠哥伦比亚投资公司、卡塔尔投资局	澳大利亚 Endeavour Energy 50.4% 的股权	输配电和电力
2017 年 8 月	13	澳大利亚 MIRA 集团、新加坡 GIC	菲律宾 Energy Development Corporation 31.5% 的股权	可 再 生 能源
2017 年 9 月	7	韩国 Lantern Advisory & Investment	日本匿名投资者建设的 230MW 太阳能电站	可 再 生 能源
2017 年 10 月	50	加拿大公共部门养老金投资委员会、美国全球基础设施伙伴公司、中国投资集团	新加坡 Equis Energy	可 再 生 能源
2018 年 1 月	1	加拿大养老金计划投资局	印度 ReNew Power Ventures 公司 6.3% 的股权	可 再 生 能源
2018 年 2 月	2	美国 Pattern Energy Group Inc.	日本 Green Power Tsugaru GK	可 再 生 能源

数据来源：安永会计师事务所。

4.2 亚洲和大洋洲重点国家电力行业投资环境分析

4.2.1 印度

（一）发展现状与前景

印度是世界第二人口大国，也是金砖国家之一。2017 年印度人均 GDP 为 2038 美元，预测未来 5 年内经济增长率将保持在 6%～7%。印度的发电以燃煤发电为主，约占 75.7%；其次为水力发电、新能源发电、燃气发电、核电和燃油发电，分别占 7.7、7.4、5.7、2.7% 和 0.8%，见表 4-3。

表 4-3 印度宏观经济及电力行业现状与预测

年 份	2017	2018	2019	2020	2021	2022
人口（万人）	133 918	135 405	136 874	138 320	139 742	141 142
人均 GDP（美元）	2038	2144	2329	2544	2761	2994
经济增长率（%）	6.6	7.3	7.2	6.5	6.5	6.5
发电装机容量（MW）	336 247	363 323	386 983	413 009	440 120	469 326
发电结构（%） 燃煤发电	75.7	75.4	75.3	75.2	75.2	74.9
燃气发电	5.7	5.7	5.7	5.8	5.8	5.8
燃油发电	0.8	0.7	0.6	0.6	0.6	0.5
核电	2.7	2.7	2.6	2.5	2.4	2.7
水力发电	7.7	7.4	7.2	7.0	6.8	6.7
新能源发电	7.4	8.1	8.6	8.9	9.2	9.4
用电量（TW·h）	1233.6	1319.7	1405.5	1493.3	1576.9	1679.4
人均用电量（kW·h）	921	975	1027	1080	1128	1190
线损率（%）	17.9	17.9	17.8	17.6	17.6	17.6

数据来源：BMI、IMF。

考虑到能源安全和资源可获得性，未来 10 年中，印度能源结构仍将以煤电为主体。但由于对煤电的依赖，印度也面临着来自环境污染的挑战，同时由于输配电环节的自动化程度低下，该环节严重依赖补贴，并存在频繁的停电。因此，政府计划未来进一步发展核电，同时新能源发电，特别是风能和太阳能，也将有所增长。各国及跨国电力能源企业对此表现出浓厚的兴趣，其中，俄罗斯承诺在印度建 6 座核电站，日本软银集团将通过沙特阿拉伯政府支持的基金向印度太阳能项目投入 1000 亿美元；西门子-歌美飒签订了印度总装机容量 300MW 的风机供应合同。

印度电力设备的 37％依赖进口，中国企业是印度发电设备的主要供应商。同时，中国能源电力建设类企业也在印度开展了大规模的工程承包业务，包括中国山东电力建设第三工程公司在印度 5 个邦先后以 EPC 方式承建了 6 座大型电站，装机容量超过 10 770MW，占印度整个火电市场份额的 5.7％，成为印度最大的外国电站 EPC 总承包商；中国电建签署了印度鼓达燃煤电站 2×800MW 燃煤电站项目 EPC 合同等。

近期，中国在印度开展电力业务的前景遭受到了来自印度政府的政策风险，印度收紧了对中国电力企业进入印度电力输配部门的限制，并对电力与电信装备进行了严格的恶意软件审查。新拟的一项议案将限制中国相关企业在印度输变电领域的投资与合作，而且范围将逐渐扩展到发电及配电领域。

（二）市场结构

印度对电力市场实行分层管理，分为中央和邦两层，在 2003 电力法案的指导下，对垂直一体化的邦电力局（State Electricity Board，SEB）拆分重组，逐步成立了发电、输电、配电各环节独立的公司。在中央层面，国家火电公司（National Thermal Power Corporation，NTPC）和国家水电公司（National Hydroelectric Power Corporation，NHPC）是最大的两家发电公司，前者发电量占印度总发电量的 15.2％。印度大部分输配电由中央政府企业印度电网公司（Power Grid Corporation of India，POWERGRID）管理，其他邦级别的输配电公司负责各邦的输配电力，有小部分的私营公司参与城市电力输配。

过去，印度的电力行业不允许外资及私人资本进入，近几年来印度市场逐步开放，但设立了较高的准入条件，进入市场难度较大。对此，印度新的电力法鼓励与外国电力企业合作，包括允许国外大型制造业与印度企业合作，建立大型合资企业提高电力设备生产能力等，这些政策曾为中国进入印度电力市场提供了机会。但近两年来，印度政府又开始提出一些限制性政策，特别是对进入印度输配电领域进行了限制。

（三）中国电力企业重点关注的领域

第一，印度燃煤发电项目。 燃煤发电将持续成为印度电力的主导，同时印度还在寻求清洁煤电技术以保护环境。凭借中国发电企业在大型清洁煤电领域的竞争优势，以及在印度的良好业务基础，燃煤发电项目仍将是中国电力企业应重点关注的对象。

第二，核能与新能源工程项目。 核能、风能、光伏领域是印度能源发展的重点方向之一，外国企业也广泛在印度开展相关投资与合作。虽然未来政策趋势尚不明朗，例如印度对中国、马来西亚等地进口的太阳能电池展开反倾销调查等，该领域的投资需求潜力仍然巨大，值得中国企业继续深耕探索。

4.2.2 巴基斯坦

（一）发展现状与前景

巴基斯坦经济体系多元化，是经济快速增长的发展中国家。巴基斯坦也是中国全天候战略合作伙伴，是"一带一路"沿线上的重要支点国家，中巴经济走廊是"一带一路"倡议的重大项目。2017 年，巴基斯坦人均 GDP 为 1433 美元，预测未来 5 年内经济增长率在 4%～5%。巴基斯坦的发电结构以水力发电为主，发电比例为 30.3%；其次为燃气发电、燃油发电、燃煤发电和核电，分别占 27.5％、22.7％、9.9％和 7.1％，新能源发电仅占 2.5％，见表 4-4。

表 4-4　　　　　　　巴基斯坦宏观经济及电力行业现状与预测

年　份	2017	2018	2019	2020	2021	2022
人口（万人）	19 702	20 081	20 460	20 836	21 211	21 582
人均 GDP（美元）	1433	1488	1496	1544	1610	1680
经济增长率（％）	5.3	5.0	4.4	4.1	4.1	4.1
发电装机容量（MW）	27 967	32 837	37 354	41 610	45 295	50 117
发电结构（％）　燃煤发电	9.9	15.3	18.3	20.4	21.1	21.5
燃气发电	27.5	26.7	28.7	27.4	26.0	25.1
燃油发电	22.7	14.3	10.7	9.0	8.2	7.6
核电	7.1	6.6	5.7	5.2	8.5	11.5
水力发电	30.3	34.1	33.4	34.7	32.8	30.9
新能源发电	2.5	3.0	3.2	3.3	3.4	3.4
用电量（TW·h）	93.6	101.1	106.2	115.6	126.9	135.8
人均用电量（kW·h）	475	503	519	555	598	629
线损率（％）	18.1	18.0	17.9	17.9	17.8	17.7

数据来源：BMI。

电力短缺一直是制约巴基斯坦经济发展的重要因素，为了解决电力低效率问题，巴基斯坦政府对国有电力公司的私有化改革还在继续，同时也在投入更多的资金用于发电容量的扩充。巴基斯坦政府在 2018 年宣布将为电力行业提供超过 8.38 亿美元的融资支持，表明了巴基斯坦政府对发展电力行业的重视。由于巴基斯坦在煤炭、石油和天然气资源上的大规模进口，火电将持续快速发展，同时巴基斯坦还将支持核电领域的稳步发展。

根据巴基斯坦共同利益委员会发布的"2013－2018 年国家能源政策"，政府同意提高电价和取消相关补贴。在《2030 年远景规划》中，巴基斯坦政府提出采取 PPP、BOT 等方式，加快以印度河为主的河流大中型水电站建设；开发预计储量达 1800 亿 t 的塔尔煤田，大力发展火电厂建设；加大油气资源勘探开发力度；增加核电及可再生能源装机容量；同时通过私有化等措施提高水电和电网管理部门工作效率，升级更新输电网络。2014 年，中巴两国政府签署《中巴经济走廊能源项目合作协议》，确定了总容量 1704.5 万 kW 的电力项目。

中国是巴基斯坦电力能源发展中的重要角色。作为全天候战略合作伙伴，电力工程是中国对巴投资规模最大的产业，特别是燃煤电站的建设和核电发展的技术和资金支持。在中巴经济走廊的建设中，大批中国企业赴巴投资电力项目，仅中巴经济走廊项下中方投资项目装机容量就超过 1200 万 kW。以中国电建、中国能建、三峡集团为代表的中国企业包揽了巴基斯坦重要电站的 EPC 项目；中核集团向巴基斯坦输出 5 台"华龙一号"核电机组；2015 年，中国国家电网公司还拿下了巴基斯坦首个外商投资输电项目，与巴方签署了合作协议，以 BOOT（建设－拥有－运营－移交）模式投资建设巴基斯坦默拉直流输电项目；2016 年上海电力与 KES 能源公司签署协议，收购巴基斯坦唯一集发电、输电、配电、售电于一体的 K－Electric 公司 66.4% 的股权，中国企业借此成为巴基斯坦重要的输配电网运营商，但目前该收购计划或已终止；中国输变电及配网企业也在加速开拓巴基斯坦市场，包括特变电工、平高电气、许继电气、中国西电、思源电气等龙头企业以产品销售、EPC、投资建厂等方式深入巴基斯坦市场；此外，巴基斯坦智能电表市场即将打开，中国企业有望借助"中巴经济走廊"进入市场中。

在新能源领域，中国东方集团投资控股有限公司联合新能源巴基斯坦吉姆普尔风电项目，是中巴经济走廊能源首批投产的能源项目之一，目前已经竣工投产；三峡集团首个中巴经济走廊能源项目——巴基斯坦风电二期项目也已经全面投产；跨国集团企业也投入到该领域中，其中，西门子-歌美飒已经成功签署了公司在巴基斯坦的第一个风机供应合同，在亚洲市场又迈出了历史性的一步。

（二）市场结构

巴基斯坦电力行业由水利水电发展署（Water and Power Development Authority，WAPDA）和巴基斯坦电力公司（Pakistan Electric Power Company，PEPCO）负责运营管理，发电、购电、输电、配（售）电由相对独立的主体运作。

在发电侧，除 4 个国有发电公司、1 个水电公司以及卡拉奇电力供应公司（Karachi Electricity Supply Corporation，KESC）公司所属的发电资产外，另有约 30 个主要的独立发电商。

在输电侧，共有 3 家输电公司，KESC 负责卡拉奇地区输电业务，其他地区则由国家电网公司（National Transmission and Distribution Company，NT-DC）和中央购电局（Central Power Purchase Authority，CPPA）共同负责；在配电侧，除了由 KESC 负责卡拉奇地区外，其他地区由另外 10 个配电公司分别负责。

其中，4 个国有发电公司和 10 个配售电公司都是从一体化的巴基斯坦电力公司的拆分中独立出来的市场主体。国有发电公司和水电发展署的电力装机占巴基斯坦全国的一半左右，其余装机由私营发电公司提供。发电公司生产的电力由 CPPA 统一采购后再转售给下游配售电公司。KESC 为独立的发电、输电、配电、售电垂直一体化的公司，于 2005 年实现私有化，上海电力股份有限公司对其的股权收购还在进展过程中❶。

（三）中国电力企业重点关注的领域

第一，燃煤发电工程项目。电力短缺是巴基斯坦正在采取多方措施解决的问题，中国企业过去在帮助巴基斯坦的燃煤电站建设中发挥了关键作用。未来巴基斯坦的燃煤发电比例会逐步提高，需要中国企业进一步依托中巴经济走廊，持续深化该领域能源合作。

第二，核能及新能源发电领域。中国核电项目在巴基斯坦的建设正有序展开，未来的市场拓展将是现有市场的延续和延伸，合作也不断向纵深发展。在新能源领域，近年来巴基斯坦不断加大对清洁能源的推广，特别是风电项目，

---

❶ 根据上海电力股份有限公司于 2018 年 9 月发布的"关于公司重大资产购买交割进展的公告"，本次交易正在履行相关程序，尚未完成交割。本次交易仍存在因电价发生变化而影响标的公司盈利能力的可能，或将导致本次交易终止的风险。

巴基斯坦风电政策优惠、电价透明合理、内部收益率高，对独立发电商有较大的吸引力。

第三，输配电领域。巴基斯坦输配电运营效率低下，设备老旧、落后，输电损耗较大，高压远程输电能力不足，存在很大的新增和改造空间。

4.2.3 马来西亚

（一）发展现状与前景

马来西亚是一个新兴的多元化经济国家，是世界新兴市场经济体之一。中马两国既是全面战略伙伴，也是务实合作伙伴。2017 年，马来西亚人均 GDP 为 9947 美元，预测未来 5 年内经济增长率在 4%～6%。马来西亚的发电结构以燃气发电和燃煤发电为主，发电比例分别为 47.3% 和 41.9%，此外还有 8.9% 的水力发电和 1.0% 的燃油发电，新能源发电仅占 0.9%，见表 4-5。

表 4-5　　　　　　马来西亚宏观经济及电力行业现状与预测

年　份	2017	2018	2019	2020	2021	2022
人口（万人）	3162	3204	3245	3287	3329	3371
人均 GDP（美元）	9947	12 097	13 226	14 299	15 285	16 302
经济增长率（%）	5.9	5.5	5.0	4.7	4.4	4.3
发电装机容量（MW）	38 879	39 546	43 223	43 328	45 734	47 106
发电结构（%） 燃煤发电	41.9	42.9	43.2	43.7	44.1	43.8
燃气发电	47.3	46.8	46.9	46.3	46.0	46.2
燃油发电	1.0	1.0	0.9	0.9	0.8	0.8
核电	0	0	0	0	0	0
水力发电	8.9	8.4	8.1	8.1	8.1	8.2
新能源发电	0.9	0.9	0.9	1.0	1.0	1.0
用电量（TW·h）	148.8	158.8	166.0	172.9	180.0	185.8
人均用电量（kW·h）	4706	4956	5116	5260	5407	5512
线损率（%）	6.3	6.3	6.2	6.2	6.2	6.0

数据来源：BMI。

马来西亚因人口增长、城市化和工业化生产发展迅速，电力供应紧张，且电力供应存在地区性不平衡，尤其是西马来西亚半岛缺电较为严重，电力缺口依赖进口。马来西亚政府对未来可能的电力短缺问题给予高度关注，先后规划了多个燃煤、燃气和水电项目。同时，马来西亚政府也在大力发展水力发电和燃煤发电，以减轻本国对燃气发电的依赖。在 2015 年马来西亚公布的"第十一个马来西亚计划（2016－2020）"中，提到将建造两个新的 7626MW 发电厂，投资成本 280 亿马币，同时将拨出 30 亿马币实施乡村电力供应计划，满足 4 万家庭的电力供应。马来西亚能源部预计 2018－2020 年期间将有大规模太阳能发电并网，发电量达到 1228MW，并计划到 2019 年完成 2050 年可再生能源转型路线图。从中长期来看，建设发电站和输电网是推动马来西亚能源和公用事业行业增长的主要动力。

中马两国在能源电力合作领域取得了一定的成绩。在投资并购方面，中国企业成功收购了东南亚最大的独立发电商之一——马来西亚埃德拉公司 37％的股权。中国能源电力建设类企业也在马来西亚积极开拓水力发电、火力发电、燃气发电、生物质发电等工程承包业务，包括巴贡水电站、巴勒水电站、曼戎火电厂等。

（二）市场结构

马来西亚电力行业主要由国家电力公司（TNB）、沙捞越能源公司（SEB）、沙巴电力公司（SESB）和独立发电商运营，三个主要电力企业的经营地域不同。其中，TNB 负责西马来西亚的发电、输电和供电；SEB 负责东马来西亚沙捞越州的发电、输电和供电；SESB 负责东马来西亚沙巴州的发电、输电和供电。电力价格由政府管理并制定，不同地区电价有所不同。独立发电商的发电份额占 70％以上。

TNB 是集发电、输电、配电为一体的电力集团公司，负责经营和管理西马来西亚的电网，并且同独立发电商签订电力采购合同。西马来西亚电网在北部与泰国电网互联，在南部与新加坡电网互联，因此 TNB 还通过在泰国和新加坡进口电力，满足高峰时段的负荷需求。此外，TNB 还持有 SESB 80％的股份。

与 TNB 相比，SEB 和 SESB 两家公司的覆盖领域小、市场份额小。SEB 是由沙捞越政府控股的上市公司，发电份额约占马来西亚全部发电总量的 1％，在输电、配电和售电领域的份额分别是 4％、4％和 7％；SESB 是沙巴州唯一的电力公用事业公司，发电、输电、配电和售电的市场份额分别为 1％、10％、10％和 4％。

（三）中国电力企业重点关注的领域

第一，工程承包与电工装备出口。电力产业作为包括马来西亚在内的中国—东盟合作与发展的基础产业，与中国具有明显的互补优势，将对中国和东盟经济合作提供重要支撑。在马来西亚的十大类进口商品中，中国出口的机电产品等处于明显的优势地位，中国企业也参与了马来西亚大量电力基础设施建设项目。未来中国与马来西亚的电力能源合作将继续保持这一趋势。

第二，新能源光伏项目。马来西亚是东盟十国中最先推行新能源的国家。马来西亚计划到 2020 年将碳排放降低 40％，包括新增 1.2GW 大型太阳能项目等。中电投、中国能建等公司都在马来西亚的光伏领域开展合作。

4.2.4 澳大利亚

（一）发展现状与前景

澳大利亚是一个高度发达的资本主义国家，中澳两国为全面战略伙伴关系。2017 年澳大利亚人均 GDP 为 58 248 美元，预测未来 5 年内经济增长率将保持在 2％左右。澳大利亚发电结构以燃煤发电为主，约占 62.0％；其次为燃气发电、新能源发电、水力发电和燃油发电，分别为 21.8％、9.7％、5.5％和 1.0％，见表 4-6。

表 4 - 6　　　　　　　澳大利亚宏观经济及电力行业现状与预测

年　份	2017	2018	2019	2020	2021	2022
人口（万人）	2445	2477	2509	2540	2570	2600
人均 GDP（美元）	58 248	60 020	60 370	61 924	64 098	66 605
经济增长率（%）	2.3	1.8	2.1	2.1	2.2	2.1
发电装机容量（MW）	70 094	71 629	73 517	75 905	77 702	79 698
发电结构（%） 燃煤发电	62.0	61.3	60.4	60.0	59.2	58.4
燃气发电	21.8	21.7	21.7	21.7	22.0	22.2
燃油发电	1.0	1.0	1.0	1.0	1.0	0.9
核电	0	0	0	0	0	0
水力发电	5.5	5.5	5.5	5.5	5.5	5.5
新能源发电	9.7	10.5	11.4	11.8	12.3	13.0
用电量（TW•h）	229.9	232.4	235.4	237.8	240.9	244.0
人均用电量（kW•h）	9403	9382	9382	9362	9374	9385
线损率（%）	5.8	5.8	5.7	5.7	5.7	5.7

数据来源：BMI。

澳大利亚拥有丰富的煤、油、天然气等化石能源，风能、太阳能等可再生能源的分布也十分广泛。当前，澳大利亚政府正积极鼓励并推动清洁能源的开发与利用，未来燃煤发电的比例将下降，但仍然是主要的发电方式。2017 年，为实现可再生能源发展目标，再加上消费者面对不断上涨的电价寻找解决方案，澳大利亚的清洁能源投资较 2016 年上涨 150%。

中国和澳大利亚之间的经济互补性非常强，中国连续多年都是澳大利亚第一双边贸易合作伙伴，诸多中国企业在澳大利亚电力能源领域开展投资并购。2016 年 3 月，澳大利亚发布新政策，加强对外国投资者的审查，规定本国企业向外资出售重要基础设施资产时，无论规模大小都需要通过外国投资委员会（Foreign Investment Review Board，FIRB）的正式审查，以确保国家安全。从 FIRB 公布的统计数据来看，近年来澳大利亚对外国投资的干预不断加强，否决案例数量增加，其中就包括 2016 年 8 月，澳大利亚财长以威胁国家利益为由，阻止中国国家电网公司收购澳大利亚电网公司 Ausgrid。2017 年，中国对澳大利亚基建行业的投资下降 89%。当前，澳大利亚政府拟收紧海外投资，计划对所有涉及能源资产的交易进行审查。

（二）市场结构

澳大利亚电力行业完全市场化，已经形成发、输、配、售分开，发电侧和售电侧竞争、输配电政府管制、公司化运营的管理体制。在发电环节，共有 5 大发电企业。输配电环节有 5 家州内输电公司、3 家跨州输电公司和 13 家配电公司。售电市场已经完全放开，主要包括纯售电、发电企业成立的售电公司以及发售一体等 3 类售电公司，其中有 4 家规模较大的售电企业市场集中度较高。

（三）中国电力企业重点关注的领域

第一，电力领域投资政策。鉴于澳大利亚近期对中国投资，特别是国有企业投资的限制壁垒增多，增加了未来对外投资的风险和不确定性，预计中国对澳大利亚电力领域的投资并购将放缓。同时，还应对当前已持有资产的运营等密切关注。

第二，清洁能源领域。在澳大利亚可再生能源发展规划出台和电力短缺的背景下，清洁能源领域是澳大利亚具有快速发展趋势的领域。在光伏市场上，目前澳大利亚 70% 的组件从中国进口，未来高端组件将有较大的发展潜力。

4.2.5 沙特阿拉伯

（一）发展现状与前景

沙特阿拉伯是中东最大的经济体，素有"石油之国"之称。2017 年沙特阿拉伯人均 GDP 为 20 847 美元，预测未来 5 年内经济增长率在 2% 左右，见表 4-7。

表 4-7　　　沙特阿拉伯宏观经济及电力行业现状与预测

年份	2017	2018	2019	2020	2021	2022
人口（万人）	3294	3355	3414	3471	3526	3580
人均 GDP（美元）	20 847	22 421	23 489	24 596	25 662	26 548

续表

年份	2017	2018	2019	2020	2021	2022
经济增长率（％）	−0.9	1.6	2.0	2.3	2.4	2.4
发电装机容量（MW）	76 815	77 978	79 452	80 473	81 399	82 071
发电结构（％）　燃煤发电	0	0	0	0	0	0
燃气发电	60.9	61.1	61.3	62.0	63.1	63.9
燃油发电	39.1	38.8	38.6	37.9	36.8	35.9
核电	0	0	0	0	0	0
水力发电	0	0	0	0	0	0
新能源发电	0	0.1	0.1	0.1	0.1	0.2
用电量（TW·h）	304.5	308.4	312.9	319.6	324.3	328.8
人均用电量（kW·h）	9244	9192	9165	9208	9197	9184
线损率（％）	7.0	6.8	6.7	6.4	6.5	6.5

数据来源：BMI。

沙特阿拉伯大力发展可再生能源，以减轻对石油的依赖。2017 年，沙特阿拉伯启动了首次招标建造的 700MW 光伏和风电项目，计划投资可再生能源 300 亿～500 亿美元。能源部已经成立了专门的负责招标事宜的部门。沙特阿拉伯还拟在 2030 年新建 16 座核电站，其核电发电量将占全国发电总量的 50％。目前，沙特阿拉伯已经与法国、韩国、中国、阿根廷、俄罗斯、芬兰、匈牙利等签订了核能合作协议。中国核建已和沙特阿拉伯确认开展第四代先进核能技术高温气冷堆项目合作。

早在 2009 年，中国电建就进入沙特阿拉伯电力建设市场，签署了 18 亿美元的沙特拉比格 2×660MW 燃油电站项目，此外还包括 24 亿美元承建的沙特扎瓦尔 3041MW 联合循环电站项目，以及 3.25 亿美元承建的沙巴哈联合循环改造电站项目等。东方电气、上海电气、宁波工程公司、南京工程公司等企业也纷纷进入沙特阿拉伯的电力工程承包与设备供应领域中。

（二）市场结构

沙特阿拉伯电力公司（Saudi Electricity Company，SEC）是一个垂直一体化垄断公司，主导沙特阿拉伯电力供应的各个方面。沙特阿拉伯政府和石油企业拥有沙特阿拉伯电力公司 81％的股份。沙特阿拉伯政府部门中，水资源与电力部负责制定政策、计划和电力战略；电力和热电管理局（Electricity and Cogeneration Regulatory Authority，ECRA）负责审查电力成本和价格。沙特阿拉伯政府正计划将电力行业私有化，未来电力将进行重组，其发电、输配电业务均独立运作。

（三）中国电力企业重点关注的领域

第一，核能与可再生能源。由于沙特阿拉伯电力需求巨大，但电厂效率低下、能源消耗量大，亟须发展可替代能源以促进油气出口，改善经济结构，因此高度重视发展核能、可再生能源等低碳技术。中国电力企业可凭借在核能和可再生能源技术和实践中具有的优势，以及与沙特阿拉伯的合作基础，与发达国家企业开展竞争与合作，把握市场机遇。

第二，电力工程承包。沙特阿拉伯已经成为当前中国最具增长潜力的海外工程承包市场之一。中国电力企业在沙特阿拉伯投资电力基础设施具有丰富的经验，并且以 BOT 和 EPC 为主。2015 年来，沙特阿拉伯积极推进 PPP 合作模式，中国企业可对其进行跟踪观望，以开拓新的项目投融资方式。

4.3　亚洲和大洋洲电力行业跨国投资典型案例分析

4.3.1　长江基建集团收购澳大利亚 Duet Group

李嘉诚执掌的长江基建集团（Cheung Kong Infrastructure）对澳大利亚能源基建企业 Duet Group 的收购位居 2017 财年澳大利亚并购交易案榜首，最终收购价格高达 70.3 亿澳元，占澳大利亚全年并购交易金额的 1/3。

Duet Group 为澳洲主要的能源资产拥有企业及运营商，集团旗下持有资产包括维多利亚州天然气分销网 Multinet Gas、配电商 United Energy 75％的股份及西澳天然气输送管道（Dampier Bunbury Pipeline，DBP）等。2016 财年，Duet Group 总收入 13.611 亿澳元，增长 3％；息税折旧摊销前利润 8.955 亿澳元，同比增长 6％。稳定的业绩表现，以及天然气能源行业稳定回报的特性，促使长江基建以溢价 27％的价格进行收购。

2016 年，长江基建和中国国家电网公司曾有意以逾 100 亿澳元的价格收购澳大利亚最大的电力网络 Ausgrid 50.4％的股权，拟获得电网 99 年的租赁权，但最终澳大利亚政府以国家安全为由拒绝收购。

长江基建通过对 Duet Group 的收购，加上包括维多利亚州天然气分销商 Envestra、南澳 ETSA、澳大利亚水务公司 Aqua Tower、电网公司 Spark Infrastructure 等多项投资，长江基建在澳大利亚的基建能源投资组合价值将高达 300 亿澳元。

4.3.2　全球基础设施投资基金（GIP）牵头收购新加坡 Equis Energy 公司

2017 年 10 月，全球基础设施投资基金公司（Global Infrastructure Partners，GIP）牵头加拿大公共部门养老金投资委员会和中国中投公司，以 50 亿美元的现金收购了 Equis Energy 公司。这是迄今为止最大的可再生能源发电资产收购。

GIP 成立于 2006 年 5 月，其总部位于美国纽约，在纽约、伦敦和悉尼设有办事处，其股权投资涉及能源、运输和水/废物行业的基础设施资产。截至 2018 年，GIP 管理的总资产超过 400 亿美元，其投资主要集中在经合组织国家。GIP 的首个基金 GIP I 的两位创始投资者是瑞士信贷和通用电气。GIP 的首次投资是与美国国际集团（American International Group，AIG）共同收购伦敦城市机场（London City Airport，LCY），此后对爱丁堡机场以及盖特威克机场进行了收购。此外，GIP 还在交通运输部门的其他领域以及能源部门的自然资源和发电领域进行了投资，资产包括海港、货运铁路设施、中游自然资源和发电业务等。

Equis Energy 是一家在亚太地区开展业务的独立电力生产商。截至目前，该公司的产品组合包括约 1900MW 的太阳能光伏资产和陆上风电资产。该公司业务遍布澳大利亚、日本、印度、印度尼西亚、菲律宾和泰国。此外，该公司还拥有超过 115 个开发中项目，累计装机容量达到 9100MW。此次收购交易将为 GIP 提供进入亚洲多个规模居前且增长最快的新能源市场的通道。

4.3.3 麦格里基金联合收购 Endeavour Energy 股权

Endeavour Energy 是悉尼西部、蓝山、南部高地和澳大利亚新南威尔士州伊拉瓦拉地区配电网络的运营商。其前身是国有能源零售商和供应商 Integral Energy，当时该公司的零售部门以及 Integral Energy 品牌于 2011 年由新南威尔士州政府出售给 Origin Energy。

2017 年 6 月，澳大利亚麦格里基金（Macquarie Infrastructure and Real Assets，MRIA）领导的机构投资者财团以 99 年的租约收购了 Endeavour Energy 电网资产管理权 50.4% 的所有权，新南威尔士州政府保留了 49.6% 的股权。该财团由 MRIA、澳大利亚 AMP 资本投资公司（AMP Capital Investors Limited）、加拿大大不列颠哥伦比亚投资公司（British Columbia Investment Management Corporation）、卡塔尔投资局（Qatar Investment Authority，QIA）组成。

MRIA 是世界上最大的基础设施资产管理公司，主要投资领域为房地产、农业和能源。MIRA 代表养老基金、主权基金、保险公司和其他投资者管理约 1190 亿美元的资产，投资区域超过全球 50 个主要国家和地区；AMP 是一家澳大利亚和新西兰的金融服务公司；BCI 拥有 1456 亿美元的管理资产，是不列颠哥伦比亚省公共部门的投资服务提供者，也是加拿大最大的资产管理公司之一；QIA 是卡塔尔的国有控股公司，具有国家财富基金的特点，专门从事国内和国外投资。

4.3.4　周大福收购澳大利亚能源企业 Alinta Energy

2017 年 3 月，珠宝巨头周大福企业有限公司以交易价值约 40 亿澳元（31 亿美元）收购澳大利亚能源公司 Alinta Energy。周大福此前已在澳大利亚投资过房地产和综合度假村，但收购 Alinta Energy 则标志着该集团首次进入能源行业。周大福认为这笔收购是具有高度战略性的，它将投资于 Alinta Energy 的增长业务，同时周大福将保留 Alinta 现有的高级管理层，并通过在澳大利亚能源市场寻求适当的投资机会来继续壮大业务。

Alinta Energy 是一家澳大利亚发电和天然气零售私营公司，拥有高达 1957MW 的自有和合同发电组合，约 80 万个电力和燃气零售客户。Alinta Energy 由 TPG Capital 等多间私募基金及对冲基金持有，其中 TPG Capital 是 Alinta Energy 的第一大股东，拥有该公司近 30％的股份。Alinta Energy 计划将业务扩展至澳大利亚东岸，包括进入昆士兰市场。2017 年 11 月，Alinta Energy 以 10 亿美元收购了 Engie 和 Mitsui 在澳大利亚维多利亚州的 Loy Yang B 电站。

5

非洲电力行业跨国投资分析

5.1 非洲电力行业跨国投资概况

（1）非洲政治局势总体上保持稳定，但是局部战争、恐怖袭击、教派冲突等问题仍然比较严重；经济增速提升，但经济结构单一、负债率高、失业率高等问题仍然困扰非洲大部分国家。

2017 年，索马里、莱索托、卢旺达、肯尼亚、安哥拉、冈比亚、刚果共和国、阿尔及利亚和塞内加尔共 9 个国家举行总统或者议会选举，均实现平稳过渡，打破了过去"逢选必乱"的规律。马里、中非共和国、索马里等非洲 10 个国家暴力冲突仍在继续。恐怖袭击时有发生，2017 年 10 月 14 日索马里自杀式爆炸袭击和 2017 年 11 月 24 日埃及的恐怖袭击均造成超过 300 人死亡，是 2017 年最严重的两次恐怖袭击。

根据 IMF 2018 年 7 月的预测结果，撒哈拉以南非洲经济增长率将从 2017 年的 2.8％提高到 2018 年的 3.4％和 2019 年的 3.8％；北非从 2017 年的 2.2％提高到 2018 年的 3.5％和 2019 年的 3.9％。但非洲经济仍然面临严重问题，主要体现在：大部分国家人口增长率快于经济增长率，导致人均 GDP 几乎没有增长；债务问题突出，加纳、赞比亚、加蓬、肯尼亚等国家到期债务超过财政收入的 3 倍以上，莫桑比克、埃塞俄比亚等国家债务问题也比较严重，影响融资能力和经济发展潜力；经济转型困难，大部分非洲国家仍然依靠能源资源或者农产品出口，风险承受能力差；失业、贫富差距等问题突出。

（2）非洲国家电力行业投资环境相对较差，主要体现在基础设施落后、法律不够健全、政策稳定性差等方面，但近年来提升明显，营商环境不断改善。

根据 2018 年第三季度 BMI 对非洲国家电力行业投资环境的评估结果，非洲国家电力行业 RRI 平均为 39.1，远低于世界平均水平。其中，南非、加纳、肯尼亚、尼日利亚、乌干达、赞比亚、喀麦隆和坦桑尼亚投资环境指数高于非洲平均水平，投资环境相对较好。苏丹、莫桑比克、刚果民主共和国投资环境较差。

根据世界银行发布的《2018 年营商环境报告：改革以创造就业》，全球营商环境进步最快的 10 个国家中有 4 个位于非洲，包括马拉维、尼日利亚、赞比亚和吉布提。过去 15 年来，撒哈拉以南非洲国家先后推行 798 项改革措施改善营商环境。其中，卢旺达一国就出台了 52 项，在改善供电、发放建筑许可和解决破产问题等方面采取积极措施，营商环境排名上升了 15 位。

（3）未来 20～30 年内非洲电力需求快速增长，低碳转型趋势明显，清洁能源、电网等领域投资需求巨大。

根据 IEA 的预测，非洲是未来数十年内电力需求增长速度最快的地区，电力需求将从 2016 年的 655TW·h 增长到 2040 年的 1753TW·h，年均增长 4.2%，高于美洲、欧洲和亚太地区，比世界电力需求平均增幅（1.7%）高 2.5 个百分点。2017—2040 年，非洲电力行业投资规模约 15 290 亿美元，尽管增速很快，但由于基数较小，占世界电力行业投资总额的比例仍然较低，约为 8%。发电和电网投资比例相当，发电投资 7570 亿美元，占非洲电力行业投资总额的49.5%；电网投资 7720 亿美元，占 50.5%。

从发电结构来看，非洲电力行业低碳转型的趋势十分明显。根据 IEA 的预测，非洲可再生能源发电占比将从 2016 年的 18% 提高到 44%，核电占比将从1% 提高到 2%，燃煤发电占比将从 31% 降到 14%，燃油发电占比将从 14% 降低到 4%，燃气发电比例将保持稳定。发电量增长率从高到低依次是光热发电、光伏发电、生物质发电、地热发电、风电、核电、水电、燃气发电、燃煤发电和燃油发电，其中燃油发电为负增长，见表 5-1。

表 5-1　　　　　　　　　　非洲电源结构变化趋势

发电类型	2016 年		2040 年		平均增长率（%）
	发电量（TW·h）	占比（%）	发电量（TW·h）	占比（%）	
燃煤发电	251	31	294	14	0.7
燃油发电	111	14	86	4	−1.1

续表

发电类型	2016 年		2040 年		平均增长率（%）
	发电量（TW·h）	占比（%）	发电量（TW·h）	占比（%）	
燃气发电	296	36	735	36	3.9
核电	11	1	46	2	6.2
水电	124	15	436	21	5.4
生物质发电	2	0	40	2	13.3
风电	11	1	69	3	7.9
地热发电	5	1	64	3	11.2
光伏发电	3	0	244	12	20.1
光热发电	0	0	56	3	45.3
总计	814	100	2069	100	4.0

数据来源：IEA。

（4）整体来看，非洲大部分国家的电力行业由国有企业主导，私有化进程缓慢，科特迪瓦、加纳、安哥拉等部分国家开始逐步启动电力私有化改革。

南非电力公司（Eskom）、莫桑比克电力公司（Electricidade de Mozambique，EDM）、博茨瓦纳电力公司（Botswana Power Corporation，BPC）、加纳电力公司（Electricity Company of Ghana，ECG）、津巴布韦供电公司（Zimbabwe Electricity Supply Authority，ZESA）、纳米比亚电力公司（NamPower）等均为上下游一体化的国有电力公司，在国内具有垄断地位，限制了国外资本和民间资本投资电力行业，且非洲国有电力企业普遍存在管理水平较低、负债率较高、资产质量较差等问题。

为了引进国内外投资者、提升电力行业活力，部分非洲国家开始逐步推进电力行业私有化，但进展比较缓慢。且考虑到非洲大部分国家投资环境具有较大的不确定性，对外国投资者的吸引力有限。2017 年 5 月，**科特迪瓦**宣布在电力行业引入外国投资者、推动电力行业私有化，以扩大竞争、降低电价，但目前还没有出台详细的私有化方案。2017 年 12 月，**加纳**政府宣布对国有的加纳电力公司实行部分私有化，并开始启动选择国内外投资者的流程，但受到国内阻力，进展缓慢。**安哥拉**计划对能源电力行业逐步进行拆分和私有化，并且在电力行业引入独立发电公司（IPPs）和公私合营投资模式（PPP）。为了吸引国内外投资者进入电力行业，**坦桑尼亚**推动国有的坦桑尼亚电力公司（Tanzania Electric Supply Company，Tanesco）在达累斯萨拉姆证券交易所上市。**乌干达**的电力市场化改革起步较早、改革比较彻底，目前已经实现发电、输电、配电、售电各环节纵向拆分，并且在发电和配电环节引入了外国投资者，法国 Engie 能源集团、南非电力公司（Eskom）等企业在乌干达拥有发电资产。

（5）非洲电力行业存量资产并购规模较小，主要集中在清洁能源和输配电网领域，存量电力资产投资者主要为欧洲能源企业以及主要投资新能源资产的跨国投资基金。

非洲电力行业开放程度不高，主要由当地国有企业主导且私有化进程缓慢，民间资本和外国资本控制的电力资产较少，再加上投资环境相对较差、电力监管体系不够成熟，因而存量资产并购不够活跃。从投资主体来看，主要为英国、法国等欧洲国家在前殖民地国家开展的投资，如法国国有的 Engie 能源集团在科特迪瓦、布基纳法索、尼日尔和马里等国家并购电力资产，隶属于英国对外援助署（DFID）的 CDC 投资集团在肯尼亚、乌干达、赞比亚等国家并购电力资产。另外，英国、挪威、加拿大等国家的能源企业和投资基金也在非洲并购部分新能源及电网资产，见表 5 - 2。

表 5 - 2　　　　　　　　2017 年至今非洲电力行业典型跨国并购交易

时间	交易额（亿美元）	收购方	被收购资产	资产类型
2017 年 4 月	0.7	英国 CDC 投资集团	Aga Khan Fund for Economic Development 公司在肯尼亚和乌干达发电资产	发电

续表

时间	交易额 （亿美元）	收购方	被收购资产	资产类型
2017 年 9 月	未披露	挪威 SN Power Invest	乌干达 Bujagali Energy 49.75% 的股权	输配电
2017 年 12 月	0.2	挪威 Nordic Development Fund 和 Norfund	资产主要位于撒哈拉以南非 洲的 responsAbility Renewable Energy Holding（rAREH）14%的 股权	可再生能源
2018 年 1 月	未披露	法国 Engie 能源集团	业务主要分布在科特迪瓦、布 基纳法索、尼日尔和马里的 Afric Power 和 Tieri 能源服务公司	配售电、能源 服务
2018 年 2 月	未披露	加拿大 Reservoir Capital	尼日利亚 Kainji Power Hold- ing Limited 60%股权	水电
2018 年 3 月	3.9	英国 CDC 投资集团、丹 麦 AP Moller Capital	赞比亚 Copperbelt 能源公司	发电和电网 资产
2018 年 4 月	未披露	法国 Engie 能源集团	乌干达 Fenix International	光伏

数据来源：安永会计师事务所。

（6）绿地投资是外国投资者在非洲开展电力投资的主要形式，投资领域也主要集中在清洁能源和输配电网，主要资金来源于发达国家海外援助资金、国际组织、国际金融机构等。

欧盟等国际组织，美国国际开发署、日本国际协力机构等发达国家海外援助机构，非洲开发银行、世界银行、伊斯兰国际金融公司等国际金融机构为非洲清洁能源开发、输配电网新建和改造项目提供大量资金，通过无偿援助、低息或者无息贷款、持有部分股权等形式参与绿地项目开发。也有部分欧洲能源企业在非洲开发绿地项目，如法国 Engie 能源集团、意大利 Eni 能源公司等，主要开展清洁能源项目，见表 5-3。

表 5 - 3   2017 年至今非洲电力行业典型绿地投资项目

时间	投资额 （亿美元）	资金来源	项目类型
2017 年 3 月	10	美国国际开发署（USAID）	尼日利亚输配电网升级改造项目
2017 年 3 月	1	非洲开发银行（AFDB）	尼日利亚两个水电站升级改造项目
2017 年 3 月	4.8	法国开发署（AFD）	南非电网新建和升级项目
2017 年 3 月	3.2	欧盟委员会（EU）	非洲 19 个新能源发电项目
2017 年 3 月	0.7	欧盟委员会（EU）	赞比亚输配电网新建和改造项目
2017 年 3 月	—	日本 Looop 公司	肯尼亚 40MW 光伏项目
2017 年 3 月	0.3	非洲开发银行（AFDB）	马里 33MW 光伏项目
2017 年 3 月	0.7	阿尔及利亚 Amimer 能源公司	马里 40MW 新能源发电项目
2017 年 6 月	5	欧洲复兴开发银行（EBRD）	埃及 750MW 太阳能光伏项目
2017 年 6 月	0.8	世界银行	布基纳法索两个太阳能项目
2017 年 6 月	0.2	新兴非洲基础设施投资基金（EAIF）和国际金融公司（IFC）	莫桑比克 40MW 光伏项目
2017 年 9 月	60	非洲开发银行（AFDB）和日本政府	2025 年前建设一批发电项目帮助非洲提升电气化水平
2017 年 9 月	3	韩国韩华投资公司（HISC）等组成的财团	津巴布韦 220MW 太阳能项目
2017 年 9 月	0.6	世界银行	卢旺达 20MW 光伏项目
2017 年 9 月	1.5	世界银行	肯尼亚太阳能微网系统
2017 年 9 月	0.6	日本国际协力机构（JICA）	埃及太阳能光伏项目
2017 年 12 月	1.4	沙特阿拉伯伊斯兰国际金融公司（ITFC）	塞内加尔输配电网改造项目
2017 年 12 月	3.4	挪威 Scatec 太阳能公司	埃及 400MW 太阳能项目
2018 年 3 月	1.2	法国 Engie 能源集团和 Eleqtra 跨国投资基金	加纳 50MW 风电项目
2018 年 3 月	0.5	意大利 Eni 能源公司	埃及 50MW 太阳能项目

数据来源：安永会计师事务所。

5.2 非洲重点国家电力行业投资环境分析

5.2.1 埃及

（一）发展现状与前景

埃及是非洲第三大经济体，2017 年埃及人均 GDP 为 2501 美元，预测未来 5 年内经济增长率将保持在 4% 左右。埃及发电以燃气发电为主，约占 76.5%；其次是燃油发电、水力发电和新能源发电，分别占 15.7%、6.6% 和 1.2%；目前尚无燃煤发电和核电，见表 5-4。

表 5-4　　　　　埃及宏观经济及电力行业现状与预测

年　份		2017	2018	2019	2020	2021	2022
人口（万人）		9755	9938	10 117	10 294	10 469	10 642
人均 GDP（美元）		2501	2877	3264	3554	3857	4136
经济增长率（%）		4.1	4.8	4.7	4.3	4.4	4.3
发电装机容量（MW）		47 519	54 102	61 659	64 630	66 879	69 090
发电结构（%）	燃煤发电	0	0	0	0	0	0
	燃气发电	76.5	78.5	80.0	81.2	81.9	82.4
	燃油发电	15.7	13.3	11.5	10.0	8.9	7.9
	核电	0	0	0	0	0	0
	水力发电	6.6	6.1	5.7	5.4	5.2	5.1
	新能源发电	1.2	2.1	2.8	3.4	4.1	4.6
用电量（TW·h）		199	217	234	250	261	272
人均用电量（kW·h）		2040	2186	2309	2424	2494	2560
线损率（%）		11.7	11.8	11.5	11.2	11.0	11.1

数据来源：BMI、IMF。

埃及重视清洁能源发展，提出 2020 年可再生能源发电占比达到 20%。埃及市场吸引了西门子-歌美飒、维斯塔斯等大量新能源企业进入，中国企业也在积极开拓埃及新能源市场。2018 年 4 月，由特变电工新能源承建的阿斯旺省本班 186MW 光伏发电项目举行奠基仪式，是第一个由中国企业参与的埃及太阳能项目，中国工商银行（ICBC）与亚洲基础设施投资银行（AIIB）提供融资支持。

为了满足国内较快增长的用电需求，埃及也在筹划发展核电和煤电。俄罗斯金融机构提供融资、ROSATOM 承建的 El Dabaa 核电站计划 2020 年开始动工建设，2026 年实现并网运行；燃煤电站已经开始建设。在核电和煤电投产之前，燃气发电在埃及发电中的占比仍将进一步提高。

埃及大力推动与周边国家的联网项目。埃及与约旦和利比亚两个周边国家之间已经建有跨国输电线路，目前正在推动与沙特阿拉伯的联网。埃及国有电力企业 EEHC（Egyptian Electric Holding Company）已经与沙特阿拉伯电力公司签署了合作协议，共同投资 16 亿美元建设输电线路连接两国电网。项目已经得到了伊斯兰发展银行（IDB）、阿拉伯经济和社会发展基金（AFESD）、科威特阿拉伯经济发展基金（KFAED）的融资支持，通过招标确定加拿大 SNC - Lavalin 公司提供工程咨询服务，西门子、ABB 和阿尔斯通建设变电站，意大利 Prysmian 集团架设海底电缆。此外，埃及还与尼罗河沿线国家研究推动跨国互联项目，实现埃及—苏丹—乌干达联网。

（二）市场结构

EEHC 在埃及国内具有重要影响。在发电领域，EEHC 下设 6 个区域性发电公司，占有约 84％的发电市场；在输电领域，EEHC 全资持有埃及输电公司，投资运营埃及输电网；在配电领域，EEHC 下设 9 个区域性配电公司，占有约 81％的配电市场。

社会资本和外国资本主要以独立发电商或者 BOOT 和 PPP 的形式参与埃及发电业务。埃及第一个 BOOT 发电项目是 650MW 的 Sidi Keriri 燃气电站项目，于 2001 年投入运行；最早的独立发电项目由 EDF 投资，是位于苏伊士港和塞得港的两个燃气发电项目，总装机容量 1.4GW。埃及政府计划 2020 年前将电力装机规模增加 1 倍，为了进一步吸引投资，正在计划以 BOOT 或者 PPP

的形式引入外国企业投资 3 个新建燃气发电项目，总装机容量约 5.5GW。配电业务方面，除在 EEHC 下设 9 个区域性配电公司之外，社会资本和外国资本在埃及拥有数十个配电企业或者发电配电一体化企业。其中，中国的天津泰达集团参股了埃及苏伊士经贸合作区范围内的配电网公司，持有 10％的股份，其他股东包括埃及的国家投资银行、苏伊士运河管理局等。

从电力工程业务来看，欧美和中东电力企业在埃及市场地位较为稳固，中国电力企业在埃及电力工程市场也实现了突破。目前，埃及正在规划和建设的十大电力项目中，有 4 个项目由德国金融机构为埃及电力企业提供融资，西门子作为工程总包商和主要设备提供商。2018 年 6 月，东方电气、上海电气发布公告，双方组成的项目联营体（双方各占 50％的份额）成功中标 44 亿美元埃及 Hamrawein（汉拉维恩）电力项目，包括 6 台 1000MW 超超临界燃煤机组，以及配套的煤炭码头 EPC 总承包项目。

（三）中国电力企业重点关注的领域

第一，燃气发电和煤电 BOOT 及 PPP 项目。埃及已经制定了较为完备的 BOOT 和 PPP 相关法律体系，并在大型传统能源发电项目中得到应用。中国发电企业在大型清洁煤电领域具有显著的竞争优势，通过 BOOT 和 PPP 合作模式能够充分发挥投融资、建设和运营一体化优势。

第二，跨国电网互联工程项目。埃及正在推动多条跨国联网项目，其中埃及与沙特阿拉伯联网项目各环节已经开始招标。鉴于埃及输网领域尚未对外资开放，中国电网企业参与投资难度较大，可以考虑发挥优势，以工程建设、技术服务等形式参与埃及跨国联网项目。

第三，新能源投资和工程项目。埃及风电和光伏发电市场开放度较高，ABB、西门子—歌美飒等外国企业在埃及开展新能源投资、工程和设备供货业务。中国电力企业可发挥设备、建设、融资等竞争优势，从装备出口、工程建设环节逐步向投融资环节升级，成为埃及市场具有竞争力的独立发电商。

5.2.2　肯尼亚

（一）发展现状与前景

作为东部非洲相对发达的经济体，肯尼亚经济前景稳定。据 IMF 预计，未来 5 年肯尼亚 GDP 增速将保持在 5% 以上。肯尼亚正在积极推动经济转型，致力于实现工业化和农业现代化，在 2030 年进入中等收入水平国家的行列。肯尼亚电力基础设施较为落后，2017 年全国发电总装机容量仅为 237 万 kW，人均用电量仅为 179kW·h/年，全国尚有 77% 的无电人口。肯尼亚发电以清洁能源为主，水电、地热等清洁能源发电占比达到 85%，其中仅地热发电占比就达到 24.6%，是非洲地热发电规模最大的国家；其次为燃油发电，约占 15%。目前没有煤电、燃气发电和核电，见表 5-5。

表 5-5　　　　　　　　肯尼亚宏观经济及电力行业现状与预测

年　份	2017	2018	2019	2020	2021	2022
人口（万人）	4970	5095	5221	5349	5478	5608
人均 GDP（美元）	1646	1682	1787	1895	2007	2122
经济增长率（%）	4.9	5.4	5.5	5.2	5.5	5.3
发电装机容量（MW）	2369	2764	2941	3070	3542	3974
发电结构（%）　燃煤发电	0	0	0	0	1.7	7.0
燃气发电	0	0	0	0	0	0
燃油发电	14.8	13.5	11.7	11.0	10.0	9.0
核电	0	0	0	0	0	0
水力发电	29.1	31.2	28.9	28.0	26.1	24.1
新能源发电	56.0	55.3	59.4	61.0	62.2	59.9
用电量（TW·h）	8.9	9.2	9.9	10.3	10.6	11.3
人均用电量（kW·h）	179	181	190	193	194	202
线损率（%）	20.8	20.8	20.7	20.6	20.7	16.4

数据来源：BMI。

根据肯尼亚电力行业发展规划，计划未来 20 年每年电力行业投资约 50 亿美元，电力行业发展潜力较大。肯尼亚具有丰富的地热能、风能、太阳能等可再生能源，电力规划的主要思路是开发地热能，其次是风能和太阳能。按照肯尼亚电力中长期规划，2033 年发电总装机容量预计将达到 3000 万 kW。新增主要包括地热发电、风力发电、天然气发电，也有少量燃煤发电。肯尼亚政府将逐步淘汰成本高昂的柴油发电设备；同时，还将大力引进独立发电商（IPPs），多渠道增加电力供应。

为了吸引国内外企业投资新能源，肯尼亚在税收、电价等方面对新能源发展实施了一系列优惠政策。在税收方面，对于新能源设备进口减免进口税和增值税；在电价方面，对新能源采取补贴政策，制定了较高的固定上网电价，20 年内保持不变。2017 年，肯尼亚风电上网电价为 0.11 美元/（kW·h），水电 0.0825 美元/（kW·h），生物质发电 0.1 美元/（kW·h），光伏发电 0.12 美元/（kW·h）。为了减轻财政负担、降低电价水平，肯尼亚正在研究通过招标方式确定新能源电价，预计招标确定的上网电价将大幅度低于目前水平，如光伏发电上网电价将下降到 0.07 美元/（kW·h）左右。

按照肯尼亚电网发展规划，未来 10 年全国将新建超过 5000km 的输电线路，其中包括 2300km 的 132kV 线路、1200km 的 220kV 线路、1100km 的 400kV 线路和 612km 的 ±500kV 高压直流线路，为此每年需要至少 20 亿美元的投资。除了加强现有电网结构之外，主网架将逐步覆盖中部和北部地区。此外，肯尼亚政府也在积极推动与埃塞俄比亚、坦桑尼亚和乌干达的跨国联网项目。

（二）市场结构

在发电领域，肯尼亚国有企业 KenGen 是最大的发电企业，占有约 74% 的市场份额。KenGen 为内罗毕证券交易所上市公司，国家持股比例约 70%，其他各类投资者持股比例约 30%。总部位于英国的跨国企业 Aggreko 是肯尼亚第二大发电企业，占有约 10% 的市场份额。其他发电企业占 16% 的市场份额，其中既包括国有独资的肯尼亚地热发电公司（Geothermal Development Co., GDC），也包括外资发电企业和本国私人资本投资的发电企业。

在输配电领域，肯尼亚电网由国有企业 Kenya Power 和 Ketraco 运营，其中 Kenya Power 运营 2008 年之前建设的输电网和全国所有配电网；Ketraco 运营 2008 年之后建设的输电网。Kenya Power 也是内罗毕证券交易所上市公司，由肯尼亚政府和国家社保基金共同持有 50.1％的股权，其他投资者持有 49.9％的股权。肯尼亚政府正在研究开放配电网的计划，逐步引入国外和本国投资者，与 Kenya Power 在配电领域形成竞争。

（三）中国电力企业重点关注的领域

第一，风电和光伏发电投资项目。 肯尼亚风能和太阳能资源丰富，风电和光伏发电是肯尼亚重点发展的方向，目前肯尼亚对风电和光伏发电制定了较为完善的上网电价政策和税收减免政策，针对国内外独立发电商在接入电网、签订长期购电协议等方面也出台了相关制度。目前，中国电力企业在风电和光伏发电领域主要从事工程承包和设备供货业务。例如，江西国际经济技术合作公司承建的肯尼亚加里萨 50MW 光伏电站于 2017 年 10 月开工建设。该项目由中国进出口银行提供优惠贷款，是中国优惠贷款在肯尼亚支持的第一个发电项目。中国电力企业可以考虑在工程和供货的基础上，向风电和光伏发电投资领域延伸。

第二，地热发电投资项目。 在肯尼亚，地热能是成本较低的清洁能源，仅次于水能，开发地热能是肯尼亚满足能源需求、降低能源成本的重要途径。中国企业在肯尼亚地热开发方面已经积累了一定的业务基础，主要集中在地热勘探、开采和工程承包领域。例如，2017 年 7 月杰瑞集团与肯尼亚 H－Young 公司组成的投标联合体中标肯尼亚 Olkaria 井口式地热电站工程项目，包括设计、采购和建设，由中国工商银行、南非标准银行提供项目融资；中国石油长城钻探工程公司和中国石化国际石油工程公司从 2007 年开始参与肯尼亚地热项目的勘探、钻井和管道建设工作。中国油气和电力企业可以考虑共同在肯尼亚投资建设地热电站，从工程向投资领域延伸。考虑到中国电力装备企业在地热发电装备领域尚不具备竞争优势，可以考虑与国外装备制造企业合作共同开展业务。

第三，**电力工程项目**。肯尼亚电力行业对外国投资者的开放度较低。发电领域由国有企业主导，中国电力企业在发电领域能够获得的市场份额有限；输配电领域对外国投资者开放尚没有实质性政策。因此，中国电力企业在肯尼亚开展业务仍将以工程为主，主要包括新能源发电工程、跨国输电工程、国内电网新建和升级改造工程以及煤电工程。中国电力企业需要充分发挥融资优势，创新工程合作模式，从单纯工程向投融资、运营等一体化业务转型，进一步扩大中国与肯尼亚电力行业产能合作规模。

5.3 非洲电力行业跨国投资典型案例分析

5.3.1 日本政府出资 60 亿美元支持非洲电力行业绿地投资

2017 年 7 月，日本政府和非洲开发银行签署协议，将投入 60 亿美元支持非洲开发银行的能源发展计划。非洲开发银行 2015 年提出了能源发展计划，内容包括 10 年内新建 160GW 的发电装机、新增 1.3 亿人接入电网、通过离网系统解决 7500 万人的用电问题等。非洲开发银行计划投入 620 亿美元，其中非洲开发银行投入自有资金 120 亿美元，从其他渠道筹集资金 500 亿美元。日本政府的 60 亿美元资金是非洲能源发展计划宣布以来筹集到的最大一笔资金。

日本政府支持非洲电力发展的主要目的包括两方面。政治层面，日本长久以来谋求成为联合国常任理事国，非洲大陆国家众多，对日本实现这一目标十分重要。2016 年 8 月，在内罗毕召开的第六届东京非洲发展国际论坛上日本首相公开表示，希望非洲国家支持日本成为联合国常任理事国。经济层面，日本政府通过金融手段支持日本电力企业和工程企业扩大在非洲的业务规模。日本对非洲电力行业的支持计划将由日本国际协力机构（JICA）和国际协力银行（JBIC）两个机构具体实施，通过贷款的形式提供给电力绿地项目的业主或者总包商。

日本政府宣布 60 亿美元资金可用于支持非洲范围内所有具备经济性的电力项目，并不仅限于日本企业投资或者承建的项目。但是，从之前日本在非洲投入的资金使用情况来看，日本企业在资金使用过程中将具有优势。目前，日本企业在非洲正在筹划的电力项目将很有可能得到资助，尤其是日本企业具有竞争优势的燃煤发电项目和地热发电项目，并有利于日本企业在非洲进一步拓展更多电力项目。

在燃煤发电项目方面，经济合作与发展组织（OECD）禁止成员国资助世界范围内低效率的煤电项目，发展中国家超超临界煤电机组以及中等规模的超临界煤电机组不受限制，因而日本企业在非洲大力拓展煤电业务，计划支持摩洛哥 1250MW 超超临界煤电项目和莫桑比克 600MW 煤电项目。

在地热发电项目方面，日本在肯尼亚已经承建了 Olkaria 地热电站，电站总承包由日本丰田和韩国现代负责，装备由日本东芝制造，日本将进一步拓展东非地热电站项目。除此之外，日本企业在非洲正在前期运作的电力行业绿地项目还包括坦桑尼亚 240MW 燃气电站项目、马拉维 0.83MW 光伏项目、坦桑尼亚离网光伏项目等。

5.3.2　英国 CDC 投资集团并购赞比亚 Copperbelt 能源公司

英国 CDC 投资集团成立于 1948 年，曾名"殖民地发展公司"（Colonial Development Corporation），是隶属于英国国际发展部（DFID）的国有投资基金，主要投资于发展中国家，尤其是英国前殖民地国家，目前管理的资金约 50 亿英镑。

Copperbelt 能源公司在赞比亚从事发电、输配电和售电业务，在赞比亚的市场占有率约 29％。另外，Copperbelt 能源公司在尼日利亚拥有配电和发电资产，在纳米比亚和塞拉利昂拥有发电资产。Copperbelt 能源公司与英国企业关系密切，曾经是英国国家电网公司控股的子公司，后来被出售给赞比亚本国的民营企业家，并在赞比亚首都卢萨卡证券交易所上市。

CDC 投资集团作为英国的国有投资基金，投资 Copperbelt 能源公司不仅是为了获得合理的投资回报，还具有一定的政治目的，即保持和巩固英国与前殖民地国家的关系，提升英国在发展中国家的影响力。赞比亚政府支持这笔交易，希望通过英国 CDC 投资集团入股，进一步提升 Copperbelt 能源公司的盈利能力，并为公司提供资金以开发 150MW 的可再生能源，从而提升赞比亚的电力供应能力。

5.3.3　挪威投资基金收购 rAREH 公司 14%的股权

Nordic Development Fund 成立于 1988 年，是由北欧五国（挪威、丹麦、冰岛、芬兰、瑞典）金融机构发起成立，主要投资于低收入国家碳减排相关项目，以减缓和适应气候变化。Norfund 是挪威政府发起成立的国有投资基金，主要投资对象也是低收入国家低碳项目，如清洁能源、农业等，协助低收入国家应对和适应全球变暖。目前，Norfund 投资规模约 19 亿美元，其中大部分为水电、风电和太阳能项目。

responsAbility Renewable Energy Holding（rAREH）公司由瑞士 responsAbility 投资公司、德国联邦经济合作与发展部（BMZ）、德国发展银行（KfW）投资成立，目标在于以环境友好、社会友好的方式满足撒哈拉以南非洲地区的能源需求，目前主要运营团队位于肯尼亚首都内罗毕。公司成立于 2013 年，主要投资于撒哈拉以南非洲地区中小规模（单个项目容量小于 50MW）的可再生能源项目，目前已投资 14 个项目，装机总规模 160MW。大部分项目为固定上网电价模式，当地电网企业全额收购，从而保证了稳定的现金流。

从并购目标来看，Nordic Development Fund 和 Norfund 都是具有一定国有背景和公益属性的投资基金，不把追求暴利作为投资目标，而是通过投资促进低碳转型。rAREH 公司以撒哈拉以南非洲国家的清洁能源作为主要投资目标，且其股东也具有一定的政府背景和公益属性，与 Nordic Development Fund 以及 Norfund 的投资定位相契合。

5.3.4 法国 Engie 能源集团并购非洲能源服务公司

Engie 能源集团是法国国有企业，法国政府持股约 33％，其他为机构投资者和公众持有的股份。Engie 能源集团在 2015 年前名为法国燃气苏伊士集团（GDF Suez）。目前，Engie 能源集团业务包括发电、电力配售、天然气贸易及配售、核电和新能源，海外资产分布在 70 多个国家，员工约 15 万人，2017 年营业收入为 753 亿美元，在 2018 年财富世界 500 强排名中位列第 104 位。

非洲是 Engie 能源集团的重要目标市场，目前在非洲的业务主要包括与阿尔及利亚、埃及和尼日利亚的天然气贸易业务，以及南非和摩洛哥的发电业务。根据 Engie 能源集团的发展规划，2025 年 Engie 能源集团在非洲电力行业的业务将扩大到 10 个国家，业务类型包括大型发电、离网发电项目和能源服务。为了实现这一目标，近年来 Engie 能源集团在非洲加大业务拓展力度，尤其是在西非和中非的法语国家。近期投资的项目包括塞内加尔 30MW 光伏项目、科特迪瓦 275MW 水电项目等。

Afric Power 和 Tieri 能源服务公司业务集中在电力系统设计、安装、运行和维护，主要分布在科特迪瓦、布基纳法索、马里和尼日尔等法语区国家。Engie 能源集团在相关国家的光伏、水电等业务需要能源服务作为支撑，且能源服务业务是 Engie 能源集团在非洲重点发展的业务方向，因而 Engie 能源集团并购 Afric Power 和 Tieri 能源服务公司，以提升在非洲尤其是法语区国家的业务规模和业务拓展能力。

6

世界主要电力企业跨国
投资分析

6.1 中国电力企业跨国投资分析

6.1.1 中国电力企业跨国投资整体情况

中国电力企业海外投资规模快速增长，成为中国企业"走出去"的重要领域。根据彭博新能源财经数据库统计，截至 2017 年第一季度，中国发电企业海外投资规模（包括已经宣布但未完成的投资）约 1510 亿美元，年均增长 57%。中国电网企业海外投资也快速发展，已经布局海外超过 10 个国家。

从海外发电投资类型来看，水电是中国发电企业海外投资规模最大的领域，其次是煤电、核电、风电、燃气发电。其中，海外水电投资占比约 50%，煤电、核电、风电、燃气发电分别占 18%、12%、10%、9%。

从海外发电资产区域布局来看，中国发电企业海外投资主要分布在东南亚等发展中国家。分布在发展中国家的海外发电资产约占 81%，其中东南亚占 44%。

6.1.2 国家电网公司跨国投资分析

（一）海外项目概况

国家电网公司积极开展能源基础设施资产并购和绿地投资，以境外受监管的能源电力资产为主，寻求具有全局带动作用、关系长远发展的长期战略投资机会。依托自身优势，建立从投资、技术、装备到设计、施工全价值链"走出去"的国际产能合作模式。

国家电网公司投资运营菲律宾、巴西、葡萄牙、意大利、澳大利亚、中国香港、希腊 7 个国家（地区）的骨干能源网，在巴西、巴基斯坦投资多个绿地项目。2009 年 1 月，作为单一最大股东和技术支持方，国家电网公司获得菲律宾国家输电网特许经营权。2010 年 12 月，收购巴西 7 家输电特许权公司 100%

股权。2012 年 3 月，中标巴西特里斯皮尔斯输电特许权一期绿地项目，占 51％的股权。2012 年 5 月，收购葡萄牙国家能源网公司（REN）25％的股权。2012 年 12 月，中标巴西美丽山水电配套送出 G 标段绿地项目，占 51％的股权。2012 年 12 月，收购南澳输电网公司 41.11％的股权。2014 年 1 月，收购新加坡淡马锡集团下属的澳大利亚资产公司（SGSPAA）60％的股权和澳网公司（AusNet）19.9％的股权。2014 年 1 月，以基石投资人的身份认购香港港灯电力投资有限公司 18％的股权。2014 年 2 月，与巴西电力公司联合中标巴西美丽山水电特高压直流送出一期绿地项目，并占 51％的股权。2014 年 11 月，收购意大利存贷款能源网公司（CDP RETI）35％的股权。2015 年 4 月，与巴方签署合作协议，将以 BOOT 模式投资建设巴基斯坦默拉直流输电项目。2015 年 7 月，中标巴西美丽山水电特高压直流送出二期绿地项目。2016 年 10 月，中标希腊国家电网公司 24％的股权并购项目。2016 年 9 月，收购巴西配电企业 CP-FL 能源公司 54.64％的股权。除了投资项目之外，国家电网公司还承建了埃塞俄比亚、波兰、埃及等国家骨干电网项目；积极推进电网基础设施互联互通，累计建成中俄、中蒙、中吉等 10 条跨国输电线路，开展跨国电力贸易。

（二）海外投资最新进展

2017 年至今，国家电网公司完成巴西 CPFL 公司 54.64％的股权并购项目和希腊国家电网公司 24％的股权并购项目交割，实现巴西美丽山水电送出特高压直流输电二期项目和默蒂亚里至拉合尔±660kV 直流输电 BOOT 项目开工。

2017 年 1 月 24 日，国家电网公司与巴西卡玛古集团、普瑞维基金、博内尔基金在巴西里约热内卢完成股权交割，成功收购巴西 CPFL 公司 54.64％的股权。在此基础上，同年 12 月 5 日完成 CPFL 集团公司层面的要约收购工作，持有 CPFL 公司的股比增加至 94.75％，成为迄今为止交易规模最大的海外投资项目，也是巴西历史上最大的现金收购交易。

2017 年 6 月 20 日，国家电网公司入股希腊国家电网公司 24％的股权交割仪式在希腊首都雅典举行。这是国家电网公司继入股葡萄牙国家能源网公司、意大利存贷款能源网公司后在欧洲市场的又一项重大投资。希腊电网是环地中海电网的重要组成部分，已与阿尔巴尼亚、马其顿、保加利亚、土耳其和意大利等邻国实现了联网，远期规划与塞浦路斯、以色列、北非等环地中海国家实现互联，是实现亚欧乃至亚欧非联网的重要枢纽。

2017年9月28日，国家电网公司巴西美丽山水电送出特高压直流输电二期项目开工仪式在里约换流站建设现场举行。美丽山项目是巴西第二大水电站——美丽山水电站的送出工程，是国家电网公司首个在海外独立投资、建设和运营的特高压直流输电工程，实现了中国特高压输电技术、电工装备和运行管理一体化"走出去"。

2018年5月14日，国家电网公司与巴基斯坦能源部、国家输电公司签署《默蒂亚里至拉合尔±660kV直流输电工程输电服务协议》等一系列交易文件，标志着默拉直流输电工程进入全面建设阶段。默拉直流输电项目是中巴经济走廊框架下的优先实施项目，是巴基斯坦首条直流输电工程，也是巴基斯坦输变电领域向外资开放的首个落地项目。默拉直流输电工程近80%采用中国技术标准，将带动我国机电设备和技术服务出口约67亿元人民币。工程线路全长878km，输送容量400万kW，以BOOT模式建设该工程，经营期25年，总投资16.58亿美元，预计2021年上半年投运。

6.1.3 南方电网公司跨国投资分析

（一）海外项目概况

南方电网公司提出"十三五"末境外资产占比不低于10%的发展目标，以投资为主，聚焦境外能源电力等基础设施领域，开拓境外输配电、发电项目；稳妥发展跨境电力贸易、设备贸易、工程承包、运维等业务。近年来，南方电网公司海外投资项目的特点包括：第一，海外业务从发电资产为主逐步过渡到电网资产、发电资产并举。2018年之前，南方电网公司海外资产以发电为主，包括越南、老挝的发电绿地项目和香港的发电资产并购项目等。2018年开始，以并购智利电网资产为标志，南方电网公司在海外电网投资方面连续取得突破。第二，海外资产布局从东南亚逐步向其他地区新兴国家和发达国家拓展。南方电网公司作为国家授权参与大湄公河次区域电力合作的中方执行单位，国际化发展之初主要布局东南亚国家，开展发电资产投资、电力贸易和电力工程承包等业务，近年来随着智利、卢森堡等项目的突破，已经初步实现全球布局。

南方电网公司海外投资项目主要包括越南永新燃煤电厂一期 BOT 项目、越南小中河水电站、老挝南塔河 1 号水电站 BOT 项目等绿地投资项目，以及香港青山发电有限公司 30％的股权并购项目、智利 Transelec 公司约 27.8％的股权并购项目、马来西亚埃德拉发电公司 37％的股权并购项目、卢森堡 Encevo S. A 股权并购项目等存量并购项目。除了投资项目之外，南方电网公司积极参与东南亚国家及中国港澳地区电力合作，推进与周边国家和地区电网互联及电力贸易，与中国港澳地区、越南、老挝、缅甸的跨境电力贸易规模逐步扩大；以南方电网云南国际公司为主体，承担 230kV 老挝北部电网建设等 EPC 项目。

（二）海外投资最新进展

2018 年以来，南方电网公司相继并购了智利、马来西亚、卢森堡能源电力资产，海外绿地项目也取得积极进展。

2018 年 3 月 19 日，南方电网公司与加拿大资产管理公司 Brookfield Infrastructure Partners（BIP）在西班牙马德里和智利圣地亚哥两地完成股权交割，南方电网公司以 13 亿美元的价格收购 BIP 持有的智利 Transelec 公司约 27.8％的股权。Transelec 是智利最大的电网运营商，拥有线路长度 9560km、变电站 60 座，服务覆盖智利 98％的人口；拥有智利中部电网 SIC 78％的份额及北部电网 SING 100％的份额，市场份额超出第二名 3 倍多，同时在秘鲁还拥有 650km 输电线路，总输电线路逾 10 000km。

2018 年 4 月 3 日，南方电网公司与中广核集团在深圳完成马来西亚埃德拉项目（Edra）的股权交割，南方电网公司持有马来西亚埃德拉公司 37％的股权。马来西亚埃德拉公司是东南亚最大的独立发电商之一，旗下拥有 13 个电站（11 个燃气电厂、1 个燃煤电厂、1 个柴油电厂），装机容量 8770MW，分布于马来西亚、埃及、孟加拉国、巴基斯坦、阿联酋 5 个"一带一路"沿线国家，电力需求旺盛。股权交割后，马来西亚埃德拉公司将拓展电网领域的投资，在电网投资、建设、运营方面，南方电网公司与中广核集团可借助互补优势，实现双赢。

2018 年 6 月 26 日，老挝南塔河 1 号水电站 BOT 项目下闸蓄水，为第一台机组发电奠定基础。2018 年 7 月 6 日，越南永新燃煤电厂一期 BOT 项目 1 号机组正式投入商业运营，这标志着中国企业在越南的首个电力 BOT 投资项目正式投产发电。

2018 年 7 月 31 日，国际股权基金 Ardian 宣布，将其持有的卢森堡 Encevo S. A 少数股份出售给南方电网公司。Encevo S. A 目前拥有 1500 名员工，在欧洲运营着超过 10 150km 的输电线路和超过 3700km 的天然气管道，通过两家子公司 Creos 和 Enovos Luxembourg 在多个能源领域开展业务。其中，Creos 侧重于运营电网和天然气网络，Enovos Luxembourg 则负责向卢森堡和德国的客户销售能源并拥有发电资产，尤其是在风电、沼气发电、太阳能发电和水电等可再生能源领域。

6.1.4 三峡集团跨国投资分析

（一）海外项目概况

三峡集团统筹考虑宏观环境、市场需求和企业与项目的结合度，确定了三个重点海外市场。一是欧美发达国家的清洁能源市场。三峡集团制定了"海上风电引领战略"，积极拓展欧美国家清洁能源市场。二是周边具备跟中国互联互通条件的市场。2011 年成立了三峡南亚公司，其中三峡集团占股 70%，IFC 和丝路基金各占股 15%，三峡南亚公司是参与周边国家互联互通的重要平台。三是非洲和拉丁美洲著名河流水电资源富集的市场。世界著名河流水电资源的开发是三峡未来跟踪研究的对象，重点包括巴基斯坦境内的印度河主干流、非洲刚果河等。三峡作为巴西第一大清洁能源公司，开发巴西以及南美洲其他水电资源丰富国家项目也是重要拓展方向。

三峡集团海外市场覆盖欧洲、南美洲、亚洲和非洲，拥有可控发电装机823 万 kW，权益发电装机 777 万 kW，在建投资项目装机 283.5 万 kW，落实和跟踪项目资源约 6000 万 kW。其中，全资拥有的三峡巴西公司以巴西为核心市场，是巴西第二大私营发电商和最大私营水电公司；全资拥有的三峡欧洲公司以欧洲为核心市场，负责欧洲和北美地区投资业务，是葡萄牙电力公司（EDP）最大股东；控股的三峡南亚公司以巴基斯坦为核心市场，负责南亚地区投资业务，投资开发的卡洛特水电站等多个项目列入"中巴经济走廊"建设框架；与葡萄牙电力公司合资设立的环球水电公司以秘鲁为核心市场，负责全球中小水电投资业务。

（二）海外投资最新进展

2017 年 2 月，三峡集团旗下的中国三峡南亚投资有限公司投资开发的巴基斯坦卡洛特项目实现融资关闭。卡洛特项目是迄今为止中国企业在海外最大的绿地水电投资项目，装机容量 72 万 kW，预计耗资 16.5 亿美元，丝路基金、世界银行国际金融公司、中国进出口银行等金融机构提供融资支持。

6.1.5　国家电力投资集团跨国投资分析

（一）海外项目概况

2015 年，国家电力投资集团重组成立，明确了建设创新型、国际化综合能源集团战略目标，提出"积极参与'一带一路'建设，做中国自主三代核电技术'走出去'的领军者，做'一带一路'倡议的实践者"。国家电投的国际化发展目标：至 2020 年，境外装机达到 800 万 kW，约占集团公司装机 5%。至2030 年，境外装机争取达到 4000 万 kW，约占集团公司装机容量的 13%。

国家电力投资集团海外投资领域主要包括水电、燃煤发电、燃气发电、光伏发电以及风电等。已经实施和正在开展的投资项目包括：缅甸伊江上游水电项目、马耳他能源合作项目、澳大利亚太平洋水电公司并购项目、土耳其胡努特鲁燃煤发电项目、巴基斯坦胡布燃煤发电项目、坦桑尼亚K-Ⅲ燃气发电项目、日本光伏等新能源发电项目、黑山风电项目等。截至2017年底，海外投资运营项目可控装机容量111.12万kW，投资在建项目可控装机容量1002.05万kW，已签署合资协议并开展前期工作的投资项目可控装机容量514万kW。

（二）海外投资最新进展

2016年10月，国家电力投资集团旗下上海电力股份有限公司与迪拜阿布拉吉集团签署了关于收购巴基斯坦卡拉奇电力公司66.4%股权的买卖协议。2017年1月获得商务部批准，2月获得国家发展改革委批准。但2018年7月28日上海电力发布公告，由于仍存在因电价发生变化而影响标的公司盈利能力的可能，或将导致本次交易终止。

6.1.6 大唐集团跨国投资分析

（一）海外项目概况

大唐集团公司国际业务板块逐步形成"一个主要平台、四轮驱动、多点支撑"运作模式。"一个主要平台"是指中国大唐集团海外投资有限公司。海外公司在成立之初即被定位成集团公司开展国际业务，特别是境外投资业务的专业平台。"四轮驱动"是指集团公司国际业务涵盖境外投资、对外承包工程、海外技术服务、国际贸易四方面主要业务。"多点支撑"是指各有关分子企业根据自身业务特点，发挥自身专业优势，积极参与各项国际业务，开拓电力上下游产业项目，对集团公司国际业务板块发展形成有力支撑。

大唐集团重点境外投资项目包括：缅甸太平江水电项目，建设规模24万kW；柬埔寨斯登沃代水电项目，建设规模12万kW；柬埔寨金边—菩萨—马德望输变电项目，建设294km 230kV输电线路；老挝湄公河北本水电项目，建设规模91.2万kW；老挝湄公河萨拉康水电项目，建设规模66万kW；中能建香港 IPO 基石投资，参股比例 0.82%。

（二）海外投资最新进展

2017 年 10 月 25 日，大唐集团与印度尼西亚签署米拉务项目 PPA、股东协议签署，标志着米拉务项目正式落地，中国大唐集团公司正式进入印度尼西亚电力市场。米拉务项目是大唐在境外投资落地的第一个火电项目，拟建设规模为 2 台 225MW 的燃煤机组，计划于 2020 年投入商业运行。

6.2 欧美电力企业跨国投资分析

6.2.1 欧美电力企业跨国投资整体情况

欧洲主要电力企业海外资产规模占比较高，美国电力企业整体规模较小，海外资产占比较低。根据 UNCTAD 的统计数据，2017 年，有 6 家电力企业（Enel、Iberdrola、EDF、Engie、National Grid 和 RWE）进入全球海外资产规模最大的 100 家企业名单，包括法国 2 家、西班牙、英国、德国和意大利各 1 家。意大利电力公司 Enel 海外资产规模为 1270 亿美元，是海外资产规模最大的电力企业，见表 6-1。

表 6-1   **2017 年主要电力企业海外资产、收入和员工占比**

电力企业	海外资产 （亿美元）	占比 （%）	海外收入 （亿美元）	占比 （%）	海外员工 （万人）	占比 （%）
Enel	1270	68.1	388	47.3	3.2	50.5
Iberdrola	1106	83.3	322	91.5	2.4	69.9
EDF	753	22.4	246	31.3	2.2	14.6
Engie	738	40.9	443	60.4	8.3	53.2
National Grid	447	53.9	123	61.1	1.6	71.7
RWE	414	50.0	182	38.0	2.4	40.6

数据来源：UNCTAD。

6.2.2 EDF 跨国投资分析

EDF 在海外主要从事核电、新能源业务，2017 年 EDF 海外资产规模 753 亿美元，占比为 22.4%。

以核电为重点，通过世界范围内核电投资打造全球核电引领者。2009 年，EDF 收购美国 Constellellation 核能公司 49.99% 的股份，进入美国核电市场。与中国的核电合作是 EDF 的重点之一，EDF 不仅在中国投资建设核电站，还与中国广核集团合作在英国建设核电站。2017 年 12 月，EDF 与阿海珐集团签订协议，收购阿海珐集团子公司 New NP 公司核反应堆业务 75.5% 的股权，进一步巩固了 EDF 在国际核电市场的领先地位。

加快布局新兴国家市场。2017 年至今，EDF 在肯尼亚、喀麦隆、智利、加纳、埃及、巴西、阿联酋、中国等国家开展资产并购或者投资建设绿地项目，扩大在发展中国家燃气发电、水电、风电、新能源等领域市场规模。为了筹集资金，2017 年至今 EDF 出售了部分发达国家的资产，包括美国风电和水电项目、英国风电项目、西班牙生物质发电项目等，见表 6-2。

表 6-2　　　　　　　　　**2017 年至今 EDF 跨国投资案例**

时间	投　资　方	内　　容	金额 （亿美元）
2018 年 7 月	EDF	投资肯尼亚太阳能公司 SunCulture 部分股权	—
2018 年 7 月	Mid American Energy Company	EDF 出售美国 90MW 风电项目	—
2018 年 7 月	EDF 的子公司 Fenice S. p. A	收购综合能源服务公司 Zephyro 70.66% 股权	0.8
2018 年 7 月	EDF、国际金融公司（IFC）和喀麦隆政府	投资喀麦隆 420MW 水电站	9.0
2018 年 5 月	EDF 和 Andes Mining & Energy S. A.	从 AES 并购智利 750MW 燃气发电资产	—

续表

时间	投 资 方	内 容	金额（亿美元）
2018 年 5 月	未知	EDF 计划出售英国风电场 49％股权	8.1
2018 年 4 月	EDF	收购美国 Fisherm' Energy 公司 354MW 海上风电项目	—
2018 年 2 月	Asian Clean Capital 和 EDF	在中国成立分布式屋顶太阳能项目合资公司	—
2018 年 1 月	EDF、RIEGIM 和 RIEBSL	投资加拿大 224MW 风电项目融资	3.4
2018 年 1 月	EDF、坦桑尼亚 Off‐Grid Electric 公司和 CH 集团	在加纳合资成立 Zegha 公司，拓展太阳能市场	—
2018 年 1 月	三菱重工（MHI）	EDF 出售核工程公司 New REVA 19.5％的股份	5.8
2017 年 12 月	Assystem	EDF 出售核工程公司 New AREVA 5％的股份	1.5
2017 年 11 月	PGE Polska Grupa Ener-getycana	EDF 出售 Polska SA 发电资产	14.7
2017 年 10 月	EDF 和 EL Sewedy Electric	投资埃及 130MW 太阳能项目	—
2017 年 8 月	EDF	从 Canadian Solar 收购巴西 92MW 太阳能光伏项目 80％股权	—
2017 年 8 月	EDF 和 Candian Solar	投资建设巴西 191MW 太阳能发电项目	1.7
2017 年 8 月	Ence Energia	EDF 出售西班牙 27MW 生物质发电项目 90％股份	0.3
2017 年 7 月	EDF 子公司 Reetec	并购德国海上风电运维公司 OWS	—
2017 年 6 月	EDF	从 First Solar 并购美国 179MW 太阳能项目	—
2017 年 6 月	EDF	从 Canadian Solar 并购巴西 115MW 太阳能项目 80％的股权	—
2017 年 6 月	Alliant Energy	EDF 出售美国 225MW 风电项目 50％的股权	—
2017 年 6 月	EDF、DEWA 和 Abu Dha-bi Future Energy Company	投资建设阿联酋迪拜 1013MW 太阳能项目融资	6.6
2017 年 5 月	EDF 和 Areva NP	合资成立 EDVANCE 公司，拓展核能市场	—

时间	投 资 方	内 容	金额 （亿美元）
2017 年 3 月	Rye Development 和 Gri-damerica Holdings	EDF 出售美国 Swan Lake North 393MW 水电项目	—
2017 年 2 月	ENKSZ Elso Nemzeti Koz-muszolgaltto	EDF 出售匈牙利输配电公司 Demasz	4.3
2017 年 2 月	未知	EDF 计划出售西班牙 17 个光伏电站资产	3.7

6.2.3 National Grid 跨国投资分析

英国国家电网公司（National Grid，NG）成立于 1990 年，是在英国对电力行业进行分拆式改革的背景下成立的。目前，英国国家电网公司海外资产约 447 亿美元，占比为 54％，主要是美国的输配电和输配气资产。

在海外专注于美国市场，从其他国家市场全部退出。NG 曾经在阿根廷、巴基斯坦、印度、赞比亚、加拿大、澳大利亚、美国等国家开展国际业务，后来逐步退出，目前海外资产只分布在美国。从 1997 年开始，NG 进入美国市场，以 32 亿美元的价格收购了新英格兰电力系统（New England Electric System，NEES）。此后 NG 把美国市场视为最重要的市场，通过出售其他国家的资产为美国市场筹集资金，在美国收购了大量输配电和输配气资产。2017 年，NG 宣布将投资位于美国和加拿大之间的 Granite State Power Link 跨国联网项目。

在海外专注于输配电和输配气业务，从其他业务中全部退出。NG 海外业务曾经涉足发电、电信、油气、能源服务等业务，后来在业务调整中逐步退出了发电、电信、油气和能源服务业务，成为在英国和美国专门从事输配电和输配气的公用事业企业。2008 年，NG 以 29 亿美元的价格向 TransCanada 出售了 248 万 kW 的发电项目，出售了智利、阿根廷、波兰、巴西的电信业务。2011 年，NG 以 1.5 亿美元的价格出售了旗下的石油销售公司 Seneca‐Upshur Petroleum，以 4.4 亿美元的价格向澳大利亚 Macquarie 银行出售了旗下从事能源计量业务的子公司 Onstream。

6.3 日本电力企业跨国投资分析

6.3.1 日本电力企业跨国投资整体情况

近年来日本电力企业海外投资步伐加快，主要原因包括三个方面。第一，日本电力需求保持下降趋势，预计 2017－2040 年日本电力需求将下降 17％，日本电力企业国内市场空间逐步缩小，必须拓展海外市场。第二，从 2016 年开始日本国内电力体制改革不断深入，更多新的市场主体参与日本电力市场，2017 年日本电力市场的零售商已经超过 400 家，大型电力企业需要开辟海外市场提升整体实力。第三，电力体制改革后，日本大型电力企业参与电力市场的经验不足，部分电力企业把海外项目作为提升参与市场能力的训练场。

2017 年日本电力企业在海外的总装机约 17GW。日本电力企业海外业务特点体现在以下方面：

第一，海外投资以发电为主，其他业务占比较小。发电之外其他业务主要包括：Chubu 电力公司并购了德国境内的海上风电送出输电线路部分股权；Tepco 等电力公司在海外开展了电力技术咨询、并购初创型电力科技公司等业务；JERA 等电力公司参股海外煤矿、铀矿等少量股份。

第二，海外发电以燃气发电为主，新能源占比较低。日本电力企业海外装机中燃气发电约占 73％，煤电约占 16％，可再生能源发电装机占比仅为 10％，其余约 1％为地热发电、燃油发电等。

第三，东南亚和美国是日本电力企业最主要海外市场。日本电力企业在泰国、菲律宾、印度尼西亚、新加坡等东南亚国家发电装机占海外总装机的比例约 45％，其中仅泰国就占 24％，在美国的发电装机约占海外总装机的 19％。

第四，日本电力企业海外业务发展程度差异较大，其中，海外装机规模最大的两家发电企业是 J-Power 和 JERA。J-Power 海外装机为 6.6GW，占企业总装机的 27%，装机规模和占比都位列第一。JREA 是 Tepco 和 Chubu 两家电力企业 2016 年成立的合资公司，两家企业把大部分海外资产都划归到 JERA，目前海外装机 6.2GW，占企业总装机的 8%。

6.3.2　J-Power 跨国投资分析

J-Power 从 1962 年开始拓展海外业务，海外业务从秘鲁等国家的电力工程咨询业务开始起步，逐步发展到海外投资，目前已经是海外装机规模最大的日本电力企业。

（1）从电源结构来看，J-Power 海外资产以燃气发电为主。J-Power 海外资产中，燃气发电占 78%，燃煤发电占 14%，水电占 7%。新能源发电占比较低，仅为 1%。

（2）从区域布局来看，J-Power 海外资产主要分布在东南亚。J-Power 海外资产分布在泰国、美国、中国、印度尼西亚、菲律宾和波兰共 6 个国家，其中泰国装机占比约 42%，美国占比约 24%，中国占比约 15%，其他国家占比约 19%。泰国是 J-Power 最大的海外市场，J-Power 在泰国的装机约占泰国总装机的 7.3%。J-Power 把美国市场作为学习电力市场参与经验的平台，以应对日本国内电力市场的竞争。东南亚是 J-Power 重点开拓和深耕的市场，在巩固泰国、印度尼西亚和菲律宾市场的同时，积极寻求东南亚其他国家的投资机会。

（3）从投资策略来看，J-Power 海外投资以绿地投资为主，且在海外项目中持股比例相对较高。J-Power 海外项目中，66% 为绿地项目，但是美国市场例外，J-Power 在美国的投资项目均为存量资产并购项目。J-Power 在海外的项目中，超过 1/3 的项目为控股项目，在日本电力企业中海外控股项目占比最高。

6.3.3 JERA 跨国投资分析

JERA 电力公司成立于 2015 年，是由 Tepco 和 Chubu 两家电力公司合资成立，投资运营 Tepco 和 Chubu 绝大多数火电和海外项目。目前 JREA 海外装机约 6.1GW，仅次于 J–Power，在日本电力企业中位列第二。

（1）海外项目以燃气电站为主，但是新能源占比不断提高。海外燃气发电装机约占 JERA 海外装机的 71％，煤电占 23％，新能源发电占 6％。在 2017 年前，JREA 在海外几乎没有新能源发电资产。为了扩大新能源发电比重，JREA 加大了并购力度，2017 年并购印度最大的独立光伏发电企业 ReNew Power 10％的股份。

（2）海外资产分布广泛，其中以东南亚占比最高。JERA 目前拥有 Tepco 和 Chubu 两家发电企业的海外发电资产，因而海外资产分布国家较多，共 15 个国家。其中东南亚占比约 40％，美国占比约 33％，中东国家占比约 20％。

（3）海外投资中绿地项目占比不断提高，且通常采取参股形式。JERA 海外绿地项目占比从 2012 年的 36％提高到 2017 年的 41％。2017 年 1 月，JERA 与瑞士发电企业 Adcanced Power、黑石资产管理公司、日本发展银行、韩国农协财务集团合作投资建设美国纽约 1100MW 燃气发电项目，计划 2020 年投产，JERA 占有股份 44％，是项目的最大股东。

7

专题：中国与"一带一路"沿线国家电力合作分析

7.1 "一带一路" 沿线国家电力发展现状及趋势

7.1.1 发展现状

目前"一带一路"沿线[1]人均用电量整体远低于世界平均水平，其中，中东欧及中亚、中东人均用电量相对较高，南亚最低。2017 年"一带一路"沿线国家人均用电量为 1453kW·h/年，仅相当于世界平均水平（2828kW·h/年）的一半左右。其中，中东欧及中亚、中东人均用电量超过世界平均水平；南亚人均用电量仅为 752kW·h/年，见表 7-1。

表 7-1   "一带一路"沿线及其他地区电力发展现状及需求增长率预测

区 域		2017 年人均用电量 （kW·h/年）	2018—2040 年 电力需求增长率（％）
"一带一路"沿线	中东欧及中亚	4117	1.2
	东南亚	1162	3.8
	南亚	752	4.5
	中东	3683	2.8
	沿线总计	**1453**	**3.2**
其他地区	中国	4036	2.6
	北美	9541	0.8
	西欧	5577	0.5
	亚太地区发达国家	8282	0.7
	非洲	559	4.0
	拉美	2070	2.4
世界总计		**2828**	**2.0**

数据来源：IEA、BMI。

---

[1] "一带一路"是一个开放包容的合作平台，以亚欧大陆为重点，延伸到世界其他地区。为了数据统计方便，本报告中"一带一路"范围仅包括中亚、东南亚、南亚、西亚和中东欧等"一带一路"核心地区。

（一）中东

中东国家最主要的电源是燃气发电和燃油发电，其中波斯湾和里海沿岸油气资源丰富的国家中燃气发电和燃油发电占比尤为高；黑海南岸和地中海东岸油气资源匮乏的中东国家则有一定比例的煤电、水电和核电。中东国家燃气发电和燃油发电占比平均分别为 55.8% 和 27.7%。其他电源形式占比较小，水力发电、燃煤发电、核电和新能源发电各占 9.8%、4.7%、1.7% 和 0.3%。从各国情况来看，亚美尼亚、阿塞拜疆、巴林、伊朗、伊拉克、阿曼、卡塔尔、叙利亚、土耳其和阿联酋最主要的电源是燃气发电，其中巴林、阿曼、卡塔尔和阿联酋燃气发电占比超过 95%，甚至达到 100%。约旦、科威特、黎巴嫩、沙特阿拉伯和也门最主要的电源是燃油发电，其中约旦和黎巴嫩燃油发电占比超过 80%。格鲁吉亚是中东国家中唯一以水力发电为主要电源的国家。以色列是中东国家中唯一以燃煤发电为主要电源的国家，亚美尼亚是中东国家中唯一有核能发电的国家。

从电力行业规模来看，中东国家中伊朗、土耳其和沙特阿拉伯电力装机、发电量和用电量规模较大，均位列世界前 30 位之内。从电力对外依存度来看，中东大部分国家电力贸易规模不大，绝大多数国家对外依存度不超过 10%，其中电力对外依存度最高的是巴勒斯坦和伊拉克，对外依存度分别为 96% 和 15%，见表 7-2。

表 7-2　　　　　　　　　中东国家电源结构　　　　　　　　　%

国　家	燃煤发电	燃油发电	燃气发电	水力发电	核能发电	非水可再生能源发电	总计
亚美尼亚	0.0	0.0	42.3	28.9	28.8	0.0	100
阿塞拜疆	0.0	2.2	89.9	7.9	0.0	0.0	100
巴林	0.0	0.0	100.0	0.0	0.0	0.0	100
格鲁吉亚	0.0	0.0	25.5	74.5	0.0	0.0	100
伊朗	0.2	27.3	66.9	4.9	0.7	0.1	100
伊拉克	0.0	37.5	53.7	8.8	0.0	0.0	100

续表

国　家	燃煤发电	燃油发电	燃气发电	水力发电	核能发电	非水可再生能源发电	总计
以色列	52.0	2.9	43.7	0.1	0.0	1.3	100
约旦	0.0	81.0	18.6	0.4	0.0	0.1	100
科威特	0.0	63.8	36.2	0.0	0.0	0.0	100
黎巴嫩	0.0	93.2	0.0	6.8	0.0	0.0	100
阿曼	0.0	2.4	97.6	0.0	0.0	0.0	100
卡塔尔	0.0	0.0	100.0	0.0	0.0	0.0	100
沙特阿拉伯	0.0	55.3	44.7	0.0	0.0	0.0	100
叙利亚	0.0	37.0	52.6	10.4	0.0	0.0	100
土耳其	27.0	0.7	43.6	24.6	0.0	4.0	100
阿联酋	0.0	1.4	98.6	0.0	0.0	0.0	100
巴勒斯坦	—	—	—	—	—	—	—
也门	0.0	66.2	33.8	0.0	0.0	0.0	100
平均	4.7	27.7	55.8	9.8	1.7	0.3	100.00

注　1. 数据来源：IEA、世界银行数据库、BMI。
　　2. 以色列和土耳其数据年份为 2017 年，其他国家数据年份均为 2016 年。
　　3. 现有数据库中无巴勒斯坦数据，且无其他途径获得该国数据，因而用"—"表示。

（二）南亚

因能源禀赋的差异，南亚各国电源结构差别较大。印度、巴基斯坦、孟加拉国三个人口大国电源结构各有特色，分别以燃煤发电、燃油发电和燃气发电为第一大电源；喜马拉雅山麓的阿富汗、不丹和尼泊尔水力资源丰富，以水力发电为第一大电源。在南亚各国中，阿富汗、印度、尼泊尔和不丹四国存在电力跨国贸易，其他国家无电力跨国贸易。阿富汗、印度、尼泊尔和不丹四国中，阿富汗、印度和尼泊尔为电力净进口国，其中阿富汗电力对外依存度达到 74%；不丹为电力净出口国，净出口电量达到国内需求的 3 倍，见表 7‑3。

表 7 - 3　　　　　　　　　　南 亚 国 家 电 源 结 构　　　　　　　　　　%

国　家	燃煤发电	燃油发电	燃气发电	水力发电	核能发电	非水可再生能源发电	总计
阿富汗		23.5		76.5	0.0	0.0	100
孟加拉国	1.8	11.5	85.1	1.6	0.0	0.0	100
不丹		0.7		99.3	0.0	0.0	100
印度	71.1	2.0	8.3	11.2	2.9	4.5	100
马尔代夫		99.9		0.0	0.0	0.1	100
尼泊尔	0.0	0.5	0.0	99.5	0.0	0.0	100
巴基斯坦	0.1	35.9	28.2	31.1	4.7	0.0	100
斯里兰卡	11.8	59.0	0.0	27.7	0.0	1.5	100
平均	17.0	21.8	24.3	34.2	1.5	1.2	100

注　1. 数据来源：BMI、IEA、世界银行数据库。
　　2. 数据年份为 2017 年。
　　3. 平均数中不含阿富汗、不丹和马尔代夫三国数据。

（三）东南亚

东南亚地区电源结构与能源禀赋高度相关，丰富的天然气资源决定了东南亚第一大电源为燃气发电，另外东南亚水力和煤炭资源也比较丰富，水电和煤电是东南亚第二和第三大电源。从各国电源结构来看，燃气发电是东南亚国家的第一大电源，占发电来源的 45.1%。其次是水力发电、燃煤发电和燃油发电，各占 20.5%、19.6% 和 11.7%。新能源发电占比为 2.9%。东南亚国家无核能发电。从各国情况来看，印度尼西亚和菲律宾第一大电源是燃煤发电；柬埔寨第一大电源是燃油发电；文莱、马来西亚、新加坡和泰国第一大电源是燃气发电，其中文莱、新加坡和泰国对燃气发电依赖程度较高，均超过 70%；缅甸第一大电源是水力发电，占比为 72.4%。在东南亚各国中，菲律宾新能源发电占比最高，达到 14.4%，见表 7 - 4。

表 7-4　　　　　　　　　　东 南 亚 国 家 电 源 结 构　　　　　　　　　　%

国　　家	燃煤发电	燃油发电	燃气发电	水力发电	核能发电	非水可再生能源发电	总计
文莱	0.0	0.9	99.0	0.0	0.0	0.1	100
缅甸	7.2	0.5	20.0	72.4	0.0	0.0	100
柬埔寨	2.6	59.8	0.0	36.1	0.0	1.6	100
印度尼西亚	48.7	16.7	23.2	6.5	0.0	4.9	100
老挝	—	—	—	—	—	—	—
马来西亚	41.5	4.5	46.6	6.7	0.0	0.6	100
菲律宾	38.8	5.8	26.9	14.1	0.0	14.4	100
新加坡	0.0	13.0	84.3	0.0	0.0	1.4	100
泰国	20.0	1.5	70.3	5.3	0.0	3.0	100
东帝汶	—	—	—	—	—	—	—
越南	17.9	2.7	35.8	43.5	0.0	0.1	100
平均	19.6	11.7	45.1	20.5	0.0	2.9	100

注　1. 数据来源：IEA、BMI、世界银行数据库。
　　2. 数据年份均为 2017 年。
　　3. 现有数据库中无老挝和东帝汶数据，且无其他途径获得上述两国数据，因而用"—"表示。

东南亚国家之间电力贸易目前规模较小，绝大多数国家在国内基本实现供需平衡，但未来跨国电力贸易增长潜力较大。印度尼西亚、泰国和马来西亚三国经济规模较大，电力需求较大，是东南亚地区发电装机规模最大的 3 个国家。东南亚地区目前电力贸易较小，主要是中国与大湄公河次区域国家之间的电力贸易以及东南亚地区内部毗邻国家之间的电力贸易。大部分国家无电力贸易或者电力贸易规模占国内需求的比例极小。柬埔寨和老挝两个国家电力贸易占国内电力需求比例较大，其中柬埔寨电力对外依存度达到 64%，而老挝电力净出口规模相当于国内需求的 64%。随着东盟推进跨国联网力度的加大以及中国与大湄公河次区域国家之间电网互联互通进程加快，预计未来东南亚电力贸易规模将快速增长。

（四）中亚

从电源结构来看，化石能源丰富的哈萨克斯坦、土库曼斯坦和乌兹别克斯坦三国的能源消费以化石能源发电为主，化石资源相对贫瘠的吉尔吉斯斯坦和塔吉克斯坦以水电为主。哈萨克斯坦以煤电为主，煤电占比达到76.1%。土库曼斯坦和乌兹别克斯坦以燃气发电为主，其中土库曼斯坦燃气发电占比达到100%，乌兹别克斯坦燃气发电占比也达到73.8%。吉尔吉斯斯坦和塔吉克斯坦的水电占比分别达到93.5%和99.6%，见表7-5。

表7-5　　　　　　　　　中 亚 国 家 电 源 结 构　　　　　　　　　　　%

国　　家	燃煤发电	燃油发电	燃气发电	水力发电	核能发电	非水可再生能源发电	总计
哈萨克斯坦	76.1	0.8	14.7	8.4	0.0	0.0	100
土库曼斯坦	0.0	0.0	100	0.0	0.0	0.0	100
乌兹别克斯坦	4.1	0.7	73.8	21.4	0.0	0.0	100
吉尔吉斯斯坦	4.8	1.2	0.5	93.5	0.0	0.0	100
塔吉克斯坦	0.0	0.0	0.4	99.6	0.0	0.0	100
平均	17.0	0.5	37.9	44.6	0.0	0.0	100

注　1. 数据来源：IEA、BMI、世界银行数据库。
　　2. 数据年份均为2017年。

（五）中东欧

中东欧的能源禀赋决定了煤电是中东欧最重要的电源，另外，鉴于中东欧地区贫乏的能源资源以及中东欧与核电大国俄罗斯之间历史上传统的合作关系，中东欧也成为"一带一路"沿线核电占比最高的地区。中东欧各国中，燃煤发电占比平均为36.4%，水力发电占比平均为24.6%，燃气发电占比平均为18.8%，核能发电占比平均为16.1%，非水可再生能源发电占比平均为3.1%，燃油发电占比平均为0.9%。从各国情况来看，波黑、保加利亚、捷克、马其顿、波兰、罗马尼亚、塞尔维亚的第一大电源是燃煤发电，其中波黑、马其顿、波兰和塞尔维亚对燃煤发电的依赖程度最高，燃煤发电占比接近或者超过70%。白俄罗斯和马其顿的第一大电源是燃气发电，且占比均超过90%。阿尔巴尼亚、克罗地亚、拉脱维亚和黑山的第一大电源是水力发电，其中阿尔巴尼亚水电比例达到100%。匈牙利、斯洛伐克、斯洛文尼亚和乌克兰的第一大电源是核能发电，另外保加利亚、捷克、罗马尼亚核电占比也比较高。新能源发电和燃油发电在中东欧国家占比较低，其中捷克、匈牙利、波兰三国新能源发电占相对比较高，超过7%，见表7-6。

表 7-6　　　　　　　　　　中东欧国家电源结构　　　　　　　　　　 %

国　　家	燃煤发电	燃油发电	燃气发电	水力发电	核能发电	非水可再生能源发电	总计
阿尔巴尼亚	0.0	0.0	0.0	100	0.0	0.0	100
白俄罗斯	0.0	2.6	96.7	0.2	0.0	0.3	100
波黑	69.5	0.2	0.4	29.9	0.0	0.0	100
保加利亚	49.1	0.5	5.1	6.9	33.9	4.5	100
克罗地亚	21.5	5.6	24.2	44.6	0.0	4.1	100
捷克	51.3	0.1	2.0	3.3	35.7	7.6	100
爱沙尼亚	—	—	—	—	—	—	—
匈牙利	21.1	0.3	18.5	0.7	50.7	8.3	100
拉脱维亚	0.0	0.0	33.3	60.1	0.0	6.5	100
立陶宛	—	—	—	—	—	—	—
马其顿	77.2	1.4	4.8	16.6	0.0	0.0	100
摩尔多瓦	0.0	0.3	95.1	4.6	0.0	0.0	100
黑山	48.1	0.0	0.0	51.9	0.0	0.0	100
波兰	85.3	1.1	3.1	1.5	0.0	8.9	100
罗马尼亚	39.0	1.3	14.8	20.5	19.5	4.9	100
塞尔维亚	72.8	0.2	1.3	25.7	0.0	0.0	100
斯洛伐克	11.8	1.5	8.6	17	55.7	5.0	100
斯洛文尼亚	30.9	0.0	3.2	29.2	33.6	3.0	100

续表

国　　家	燃煤发电	燃油发电	燃气发电	水力发电	核能发电	非水可再生能源发电	总计
乌克兰	40.5	0.3	8.1	5.3	45.4	0.4	100
平均	**36.4**	**0.9**	**18.8**	**24.6**	**16.1**	**3.1**	**100**

注　1. 数据来源：IEA、BMI、世界银行数据库。

　　2. 数据年份均为 2017 年。

　　3. 现有数据库中无爱沙尼亚和立陶宛数据，且无其他途径获得上述两国数据，因而用"—"表示。

由于能源安全形势严峻且中东欧国家输电距离短，中东欧国家电网互联的可能性和必要性大于其他"一带一路"地区，中东欧之间电力贸易占比较大。中东欧发电装机、发电量和用电量普遍较小，其中乌克兰、波兰、罗马尼亚和捷克在中东欧属于电力装机、发电量和用电量相对较大的国家。以用电量为例，乌克兰、波兰、罗马尼亚和捷克用电量分别为 1753 亿、1375 亿、705 亿 kW·h 和 497 亿 kW·h，分别位列世界第 22、25、39 位和 46 位。中东欧国家电力贸易规模较大，所有中东欧国家均存在电力贸易，其中电力对外依存度最高的国家是摩尔多瓦和立陶宛，电力对外依存度分别为 78.3% 和 67.4%。

7.1.2　发展趋势

"一带一路"沿线是未来数十年内全世界电力需求增速最快的地区之一，其中南亚增速最快，中东欧及中亚增速较慢。根据 IEA 预测，2018—2040 年，"一带一路"沿线国家电力需求年均增长率预计为 3.2%，在世界各区域中仅次于非洲（4.0%），快于世界整体增幅（2.0%）。南亚、东南亚增速分别达到 4.5% 和 3.8%，中东欧及中亚增速仅为 1.2%。

根据 IEA 预测，2018—2040 年"一带一路"沿线电力投资规模约 6.11 万亿美元，占世界比例为 31%。其中，南亚电力投资规模最大，预估为 2.83 万亿美元；其后依次为东南亚、中东欧及中亚、中东。"一带一路"沿线是电力投资规模最大的地区，预计新增投资规模高于北美、西欧、非洲、拉丁美洲等世界其他地区，也高于同期中国电力投资规模，见表7-7。

表7-7 "一带一路"沿线及其他地区 2018－2040年

电力行业投资规模预测　　　　万亿美元

区　域		化石能源发电	核电	可再生能源发电	发电投资总计	电网投资	电力投资总计
"一带一路"沿线	中东欧及中亚	0.32	0.22	0.19	0.73	0.47	1.20
	东南亚	0.29	0.02	0.31	0.62	0.71	1.33
	南亚	0.55	0.12	1.05	1.72	1.11	2.83
	中东	0.16	0.05	0.26	0.46	0.28	0.75
	沿线总计	1.32	0.41	1.81	3.53	2.58	6.11
其他地区	中国	0.42	0.33	1.43	2.18	1.96	4.14
	北美洲	0.36	0.27	1.06	1.68	1.09	2.78
	西欧	0.24	0.30	1.31	1.85	0.89	2.74
	亚太地区发达国家	0.15	0.13	0.50	0.79	0.52	1.31
	非洲	0.25	0.03	0.48	0.75	0.82	1.57
	拉丁美洲	0.07	0.03	0.47	0.57	0.49	1.06
世界总计		2.80	1.50	7.05	11.34	8.36	19.71

数据来源：IEA。

（一）"一带一路"沿线可再生能源发电发展趋势

2018－2040年"一带一路"沿线预计新增可再生能源发电投资约1.81万亿美元，占新增发电投资的51%，其中南亚地区最多，为1.05万亿美元。

从新增投资规模看，可再生能源发电将超过传统化石能源发电。与世界电力发展整体趋势一致，低碳化、清洁化也是"一带一路"沿线电力发展的方向，大部分"一带一路"沿线国家制定了发电低碳转型相关政策。预计2018－2040年"一带一路"沿线新增可再生能源发电投资将比化石能源发电投资多37%。

从新增装机容量来看，风电和太阳能发电均超过水电。鉴于风电和太阳能成本快速下降，而水电开发受到环境保护、移民等问题约束较大，未来数十年内"一带一路"沿线太阳能和风电新增装机规模将大于水电，这也与全球范围内发展趋势一致。预计 2018－2040 年，"一带一路"沿线新增可再生能源装机规模约 8.8 亿 kW，其中太阳能新增 3.0 亿 kW，风电新增 2.7 亿 kW，水电新增 2.2 亿 kW。

印度是南亚乃至"一带一路"沿线可再生能源发展的主要力量。南亚是"一带一路"沿线各区域中可再生能源新增装机规模最大的区域，其中印度将发挥重要作用。印度制定了宏大的新能源发展规划和一系列激励措施，预计 2018－2040 年印度新增太阳能装机 1.8 亿 kW，新增风电装机 1.4 亿 kW，仅印度一国就占"一带一路"沿线增量的一半左右。

（二）"一带一路"沿线传统能源发电发展趋势

尽管投资规模上小于可再生能源发电，但化石能源发电仍是"一带一路"沿线新增发电的重要组成部分，预计 2018－2040 年新增化石能源发电投资 1.32 万亿美元，其中南亚地区最多，为 0.55 万亿美元。

与其他地区相比，"一带一路"沿线更依赖化石能源。"一带一路"沿线国家主要为发展中国家，对能源价格承受能力较差，鉴于煤电成本在较长时期内仍低于新能源，因而煤电等化石能源在"一带一路"沿线仍发挥重要作用。2018－2040 年"一带一路"沿线发电投资占世界 31％，而化石能源发电投资占世界 47％，表明"一带一路"沿线相对于其他地区更依赖化石能源。

化石能源发电新增投资主要集中在东亚、东南亚和中东欧的煤电。越南煤电占比将由目前的 40％提高到 2020 年的 50％和 2025 年的 55％，成为越南第一大电源。印度尼西亚计划未来 5 年内增加 4300 万 kW 的煤电装机。印度计划将煤电占比从目前的 58％提高到 2020 年的 68％。波兰、塞尔维亚、捷克等中东欧国家也将继续大力发展煤电。

2018－2040 年"一带一路"沿线电网投资规模 2.58 万亿美元，占电力投资的 42％。其中，南亚电网投资规模最大，为 1.11 万亿美元，其后依次为东南亚、中东欧及中亚、中东。东南亚电网投资占电力投资比例最高，达到 53％，其他地区均小于 50％。其中"一带一路"沿线跨国互联线路是电网投资的重要组成部分。

7.2 中国对外投资及 "一带一路" 合作政策动态

（一）倡导贸易和投资自由化便利化

在全球化被质疑、面临倒退风险的背景下，中国坚决维护开放透明的全球贸易和投资治理格局，支持贸易和投资自由化、便利化，成为推动和引领全球化的关键力量。

2017 年 1 月 17 日，习近平总书记在世界经济论坛 2017 年年会开幕式主旨演讲中指出，把困扰世界的问题简单归咎于经济全球化，既不符合事实，也无助于问题解决。我们要下大气力发展全球互联互通，让世界各国实现联动增长，走向共同繁荣。我们要坚定不移发展全球自由贸易和投资，在开放中推动贸易和投资自由化便利化，旗帜鲜明反对保护主义。

2017 年 5 月 14 日，习近平总书记在"一带一路"国际合作高峰论坛开幕式上的演讲中提出，我们要有"向外看"的胸怀，维护多边贸易体制，推动自由贸易区建设，促进贸易和投资自由化便利化。

2017 年 10 月 18 日，在党的十九大报告中，习近平总书记提出，促进贸易和投资自由化便利化，推动经济全球化朝着更加开放、包容、普惠、平衡、共赢的方向发展。

（二）加大对中国企业海外投资尤其是"一带一路"沿线国家投资支持力度

2017 年 5 月 14 日，习近平总书记在"一带一路"国际合作高峰论坛开幕式上的演讲中提出，中国将加大对"一带一路"建设资金支持，向丝路基金新增资金 1000 亿元人民币，鼓励金融机构开展人民币海外基金业务，规模预计约 3000 亿元人民币。中国国家开发银行、进出口银行将分别提供 2500 亿元和 1300 亿元等值人民币专项贷款，用于支持"一带一路"沿线基础设施建设、产能、金融合作。

在能源领域，2017 年 5 月，国家发展改革委、国家能源局发布《推动丝绸之路经济带和 21 世纪海上丝绸之路能源合作愿景与行动》，提出加强能源投资合作，鼓励企业以直接投资、收购并购、政府与社会资本合作模式（PPP）等多种方式，深化能源投资合作；加强能源基础设施互联互通，推进跨境电力联网工程建设，积极开展区域电网升级改造合作，探讨建立区域电力市场，不断提升电力贸易水平。

（三）加强中国企业海外投资规范管理

引导海外投资方向。2017 年 8 月，国务院办公厅转发国家发展改革委、商务部、人民银行、外交部《关于进一步引导和规范境外投资方向的指导意见》，提出了鼓励开展、限制开展和禁止开展的境外投资。中国电力企业海外投资能够带动优势产能、优质装备和技术标准输出，电网互联互通是"一带一路"基础设施互联互通的重要组成部分，是中国政府鼓励开展海外投资的重要行业。2017 年 1 月，国务院国资委发布《中央企业境外投资监督管理办法》，提出建立和发布中央企业境外投资项目负面清单，设定禁止类和特别监管类境外投资项目，实行分类监管。该办法还规定，中央企业原则上不得在境外从事非主业投资。有特殊原因确需开展非主业投资的，应当报送国资委审核把关，并通过与具有相关主业优势的中央企业合作的方式开展。

优化核准和备案管理流程。2017 年 12 月 26 日，国家发展改革委发布《企业境外投资管理办法》，与 2014 年 4 月 8 日国家发展改革委发布的《境外投资项目核准和备案管理办法》相比，新办法将输电干线、电网从敏感行业中删除，简化了电网海外投资的流程。2018 年 1 月 18 日，商务部、人民银行、国务院国资委、银监会、证监会、保监会、国家外汇局制定了《对外投资备案（核准）报告暂行办法》，提出按照"鼓励发展＋负面清单"的模式建立健全相应的对外投资备案（核准）办法。

加强海外投资安全工作。2017 年 6 月 26 日，中央全面深化改革领导小组第三十六次会议审议通过的《关于改进境外企业和对外投资安全工作的若干意见》，要求建立统一高效的境外企业和对外投资安全保护体系，为进一步做好我国境外企业和对外投资安全工作提供了顶层设计。商务部正在制定相关制度，指导企业防范应对各类境外安全风险，处置各类突发事件，不断完善风险防控体系，维护我国境外企业和对外投资安全。

7.3　中国与 "一带一路" 沿线国家电力合作重点领域

7.3.1　电力产能合作

（一）中国与"一带一路"沿线国家电力产能合作基础

"一带一路"沿线国家是中国电力企业在海外的重要目标市场和传统优势市场，很多中国电力企业首个海外项目、首个海外机构都位于"一带一路"沿线国家。目前国务院国资委直属的五大发电企业、两大电网企业、两大电力工程企业以及主要电工装备企业在"一带一路"沿线国家开展电力资产投资、电力工程建设和电工装备出口业务，一批地方国有电力企业和民营企业也在积极开拓"一带一路"沿线国家电力市场。

以五大国有发电企业为代表的发电企业在"一带一路"沿线国家主要从事发电资产投资业务，并从事投资相关的少量电力工程项目。国电投集团在"一带一路"沿线国家投资了缅甸水电、土耳其煤电、巴基斯坦煤电和光伏、印度尼西亚水电等项目；华电集团在"一带一路"沿线国家投资了印度尼西亚煤电、柬埔寨水电和俄罗斯燃气电站等项目；华能集团投资了缅甸水电项目，并购了新加坡发电企业资产；大唐集团投资了缅甸和柬埔寨水电以及柬埔寨输变电项目；国电集团投资了柬埔寨和缅甸的水电项目。两大电网企业在"一带一路"沿线国家主要从事输配电资产投资以及相关发电资产投资业务，也从事少量投资相关的工程和装备输出业务。国家电网公司并购菲律宾电网公司资产，投资巴基斯坦等国家输电项目；南方电网公司投资越南煤电和老挝水电项目。

以中国能建和中国电建为代表的电力工程企业在"一带一路"沿线国家主要从事火电、水电、新能源等领域的工程承包业务，并逐步向投融资、设计、咨询等领域延伸。中国能建和中国电建在"一带一路"沿线国家的电力工程项目均超过 500 个，约占海外项目总数的 60%。东方电气、西电集团、特变电工、南瑞集团等电工装备企业在"一带一路"沿线国家主要从事装备出口、工程承包业务以及相关投资业务。

中国电力企业在"一带一路"沿线国家产能合作质量不断提升，主要体现在：第一，竞争优势明显。中国电力企业具有成本低、资金实力雄厚等优势，装备和工程服务具有较强竞争力。第二，影响力大。一批有影响力的大项目提升了中国电力企业在当地的影响力，如印度境内的世界目前最大的燃煤电站、巴基斯坦最大水电站、缅甸最大水电站、斯里兰卡最大燃煤电站、伊拉克最大燃油电站等、印度尼西亚最大水电项目、马来西亚最大水电项目等标志性项目均由中国企业承担。第三，带动力强。由于中国电力行业全产业链均具有较强竞争优势，中国电力企业通常能够提供设计、施工、投融资、装备等一揽子服务，电力项目能够充分带动电工装备、工程服务、金融等业务走出去。第四，从低端输出向高端输出延伸。中国电力企业从走出去之初单纯的输出劳务，到现在输出先进电力技术、标准和高端装备，产能输出的层次不断提升。

（二）中国与"一带一路"沿线国家电力产能合作重点举措

在电力装备出口方面，从设备供货向提供增值服务延伸，如从单机供货、设备成套，逐步向提供 EPC、升级改造、融资支持等涵盖全寿命周期的服务环节拓展，与客户建立长期稳定的合作关系。在"一带一路"沿线重点国家建设区域性产品展销中心和售后服务中心，为客户提供设备升级改造咨询解决方案，及运行维护、检修、保养技改等增值服务，培训客户，提升售后服务水平，减少业主对售后服务品质的担忧，为市场开发提供可靠的服务保障。加快在"一带一路"沿线国家投资建厂、企业并购，增强我国电力技术装备海外研发和生产能力。

电力工程承包方面，延伸电力工程承包业务链，从单纯开发 EPC 业务向提供规划、融资、EPC、运营、技术和管理咨询服务等在内的产业链"一条龙"服务转变，提高全产业链开发运作能力。电力规划属于电力产业链高端和上游环节，在沿线国家开展工业化建设的前期，先行介入其电源电网规划设计，有利于抓住电力产业链制高点，后期带动电力工程承包、电工装备出口等业务"走出去"。

电力资产投资方面，针对沿线国家投资资金短缺的现状，拓展资金渠道。目前政策性银行和商业银行、股份制银行等纷纷主动融入"一带一路"建设，加速推进"一带一路"布局，在沿线国家增设分支机构，提供多种融资产品。中国电力企业可充分利用国内商业银行在流动资金贷款上的优势，确保资金链安全，同时拓宽融资品种，充分研究各银行特色业务加以利用，解决国际业务融资的个性化需求。充分利用中国出口信用保险公司的海外投融资保险产品，根据境外投资项目所涉及的政治风险种类及风险程度，针对性地投保汇兑限制、征收、战争及政治暴乱、违约、经营中断等海外投资保险，以规避相应的政治风险，同时减轻项目融资银行对投资主体的担保涉入程度。中国电力企业在"一带一路"沿线国家投资主要面临政治风险、安全风险、汇率风险和监管风险，需要针对不同类型风险的特点，加强投资风险防范。

7.3.2 核电投资运营

（一）中国核电"走出去"的优势与成效

第一，经过30余年的发展，中国核电产业链条日趋完备，产业体系不断完善。中国是过去30年间全球唯一一个持续进行大型核电站工程建设的主要大国，同期美国、法国、日本、德国、俄罗斯等传统核电强国均未再度开展大规模核电建设。中国目前不仅是世界上为数不多的具备较为完整的核能工业体系和核燃料循环体系的国家之一，还是当今全球极少数具备完整的核电项目工程总承包与运营总承包能力的国家之一。第二，中国核电装备制造企业能力持续提升，核电装备供应能力强且具备价格竞争优势。第三，中国核电建设与运营管理水平处于世界领先地位，安全纪录良好，迄今为止未发生任何重大事故。第四，中国核电企业融资能力强，资金优势明显。第五，初步形成了自主知识产权的三代核电技术。国电投集团开发的 CAP1400 型压水堆核电机组是在消化、吸收、全面掌握中国引进的第三代先进核电 AP1000 非能动技术的基础上，通过再创新开发出具有中国自主知识产权、功率更大的非能动大型先进压水堆核电机组。中核集团和中广核集团研发的"华龙一号"具有完整自主知识产权，共获得 743 件专利和 104 项软件著作权，覆盖了设计技术、专用设计软件、燃料技术、运行维护技术等领域。

随着中国华龙一号、CAP1400 等中国自主开发的第三代核电技术的成熟，2015 年中国核电首次实现技术输出。2015 年 8 月 20 日，巴基斯坦卡拉奇核电项目二号机组开始第一罐混凝土浇筑。卡拉奇 2 号核电机组是继福建福清 5 号机组之后全球第二个开建的华龙一号核电项目，由中核集团投资建设，意味着华龙一号首次走出国门，正式落地巴基斯坦，海内外将同步推进华龙一号示范堆的建设。

除了巴基斯坦，中国核电企业在罗马尼亚、保加利亚等一带一路国家也取得进展。2014 年 10 月 14 日，罗马尼亚政府宣布，中广核成为罗马尼亚 Cernavoda 核电站 3、4 号机组项目的最终投资者。罗核项目属内陆核电项目，项目规划建设 5 台核电机组，其中 1、2 号机组已建成在运。3、4 号机组是罗马尼亚政府重点推进的项目，已于 2010 年 12 月 5 日获得欧盟委员会的认可，计划于 2019 和 2020 年建成发电。2015 年 12 月，保加利亚邀请国电投集团参与投资建设当地核电站，目前合作细节还在研究谈判过程中。

在发达国家中国核电企业也取得重要突破。2015 年 10 月 21 日，中国广核集团和法国电力集团宣布，就共同修建和运营英国萨默塞特郡的欣克利角 C 核电站达成战略投资协议，双方将共同出资在欣克利角 C 核电站建设两台欧洲压水式核电机组。同时中国广核集团和法国电力集团也公布了未来进一步扩大核电合作的计划。未来双方将在萨福克郡的赛兹韦尔和埃塞克斯郡的布拉德韦尔

核电站建设项目，其中布拉德韦尔 B 项目将以中广核广西防城港核电站 3、4
号机组为参考电站，使用华龙一号技术。

（二）"一带一路"沿线国家核电市场前景

预计到 2030 年，中国之外的世界核电市场将新建 131 台机组，共计新增装
机 1.4 亿 kW，新增投资预计达到 1.5 万亿美元。"一带一路"沿线是核电的主
要市场，预计到 2030 年"一带一路"沿线国家将新建 107 台核电机组，共计新
增核电装机 1.15 亿 kW，新增装机占世界的 81.4%。在"一带一路"沿线地区
中，中东欧和中东国家是核电发展的主要市场，计划建设核电站的国家较多，
建设规模较大，见表 7-8。

表 7-8 世 界 核 电 市 场 前 景

地　区	国　家	2025 年前计划新投运核电项目		2026—2030 年计划新投运核电项目	
		堆数	装机（万 kW）	堆数	装机（万 kW）
"一带一路"沿线	东南亚				
	越南	4	400	6	670
	泰国	0	0	5	500
	马来西亚	0	0	2	200
	印度尼西亚	1	30	4	400
	南亚				
	巴基斯坦	0	0	2	200
	孟加拉国	2	200	0	0
	中东				
	伊朗	1	100	1	30
	沙特阿拉伯	0	0	16	1800
	阿联酋	2	280	10	1440
	约旦	1	100	0	0
	以色列	0	0	1	120
	埃及	1	100	1	100
	土耳其	4	480	4	450
	亚美尼亚	1	106	0	0
	中亚				
	哈萨克斯坦	2	60	2	60

续表

地 区	国 家	2025 年前计划新投运核电项目		2026—2030 年计划新投运核电项目	
		堆数	装机（万 kW）	堆数	装机（万 kW）
"一带一路"沿线	中东欧 立陶宛	1	135	0	0
	波兰	6	600	0	0
	乌克兰	2	190	11	1200
	捷克	2	240	1	120
	斯洛伐克	0	0	1	120
	罗马尼亚	2	131	1	65
	匈牙利	2	240	0	0
	斯洛文尼亚	0	0	1	100
	保加利亚	1	95	0	0
	白俄罗斯	0	0	2	240
"一带一路"沿线合计		**35**	**3487**	**73**	**8055**
其他地区	东亚 朝鲜	0	0	1	95
	西欧 芬兰	0	0	2	270
	荷兰	0	0	1	100
	非洲 南非	0	0	6	960
	北美洲 墨西哥	0	0	2	200
	南美洲 巴西	0	0	4	400
	阿根廷	1	33	2	140
	智利	0	0	4	440
其他地区合计		**1**	**33**	**22**	**2605**
世界总计		**36**	**3520**	**95**	**10 660**

数据来源：根据国际核能协会、国际原子能机构网站数据整理。

（三）中国核电企业在"一带一路"沿线拓展措施

第一，加强国内核电企业在"走出去"过程中的协调性，避免内部竞争，共同拓展"一带一路"沿线市场。中国核电在发展初期形成了一套多国采购、多重标准、多种机型和多重管理模式并存的现象，国内不同核电企业、不同技术标准之间的内部竞争问题仍然严重。建议国家能源局牵头，联合外交部、商务部等相关部委，以及国家开发银行、亚洲基础设施投资银行、金砖国家开发银行等金融机构，建立国家统一领导的核电"走出去"协调体系，合理划分海外市场，协调国内核电企业有序竞争，避免内部恶性竞争导致的重复建设和资源浪费。

第二，在核电发展的国内工程示范、民意基础、法律体系等方面还需要进一步完善，为核电企业开发"一带一路"沿线市场提供坚强支撑和保障。在核能作为世界能源供应体系重要组成部分的趋势没有发生根本转变的前提下，我国应加快第三代核电机组示范工程项目建设，在确保安全的基础上加快核准新的三代核电机组，积极研究论证内陆核电建设，为开拓国际核电市场创造条件。在法律体系方面，参照国际通行法则，明确一个利益相对超脱、地位相对独立的权威机构专门进行核安全监管，彻底解决多头管理、职能交叉的老问题。在民意基础方面，做好核科普工作，让更多的人正确、有序、合理、合法参与到核电、核燃料及其他涉核项目的规划、决策、选址、建造、运行、退役工作中，并持续做好信息公开和信息反馈，为国内核电发展创造良好的社会和舆论环境。

7.3.3 电网互联互通

（一）互联现状及规划

"一带一路"沿线跨国电网建设已经初具规模，但跨国电网互联互通程度仍略低于世界平均水平。其中，中东欧和中亚电网互联互通程度相对较高，南亚、东南亚和中东电网互联互通程度相对较低。

2016 年"一带一路"沿线国家电力贸易量约 1300 亿 kW•h，占用电量的比例约 3.1%，略低于世界平均水平（3.6%）。在"一带一路"沿线国家中，中东欧国家电力贸易占用电量比例最高，达到 7.8%；中亚、中东、东南亚和南亚国家电力贸易占用电量的比例分别为 2.6％、1.8％、1.5％和 1.4％，见表 7-9。

表 7-9   2016 年"一带一路"沿线及其他地区电力贸易情况

区　　域		跨境电力贸易量（亿 kW·h）	跨境电力贸易量/用电量（％）
"一带一路"沿线	东南亚	150	1.5
	南亚	158	1.4
	西亚	144	1.8
	中亚	112	2.6
	中东欧	736	7.8
	沿线总计	**1300**	**3.1**
其他地区	中国	182	0.4
	西欧	3665	12.0
	美洲	1457	2.8
	非洲	366	6.1
	大洋洲	0	0.0
世界总计		**6970**	**3.6**

数据来源：根据 IEA Electricity Information 2017、CIA World Factbook 网站数据整理。

在中东欧，由于历史上中东欧之间较为紧密的关系，且中东欧国家面积小、距离近，电网联系比较紧密，中东欧国家内部、俄罗斯与中东欧之间均实现了电网互联。**在中亚**，中亚电网从北到南沿负荷中心呈长链式结构，在中部形成覆盖哈萨克斯坦、乌兹别克斯坦、吉尔吉斯斯坦和塔吉克斯坦的 500kV 单回大环网。**在南亚**，尼泊尔与印度之间、不丹与印度之间有输电线路相连，每年旱季尼泊尔和不丹从印度进口部分电力，丰水期尼泊尔和不丹向印度出口一部分电力。**在东南亚**，大湄公河次区域之间大部分国家实现了电网互联，如老挝和泰国、越南之间，柬埔寨和泰国、越南、老挝之间，马来西亚和泰国、新加坡之间。**在中东**，海湾国家合作委员会积极推动跨国电网互联，沙特阿拉伯、科威特、卡塔尔、巴林、阿联酋和阿曼之间实现了电网互联。

"一带一路"沿线各区域均把跨国电网互联互通作为巩固能源安全、促进低碳发展的重要举措，积极推动跨国电网建设，其中大湄公河次区域、中亚－南亚之间、中东欧跨国电网互联项目比较成熟，进展较快。

在东南亚，2007 年东盟制订了电网互联计划。该计划包括 16 个跨国电网项目，截至目前有 5 个项目已经投运，4 个项目正在建设，7 个项目正在规划。**在中亚和南亚**，2014 年吉尔吉斯斯坦、塔吉克斯坦、阿富汗和巴基斯坦四国签署 CASA－1000 项目合作协议，将建设连接四国的输电线路，目前项目正在实施。**在中东欧**，俄罗斯积极规划与中东欧国家扩大联网规模，中东欧国家也在规划约 10 条输电线路，加快融入欧盟统一电力市场。

（二）联网项目分类及联网方式选择

根据目的不同，"一带一路"沿线跨国输电线路可以大致分为跨国送电项目和区域互联项目两大类。 跨国送电项目是为了满足大型发电项目跨国消纳、解决能源短缺的需求，两国建设的"点对网"跨国输电项目。区域互联项目是两国或者多国为了调剂余缺、实现更大范围能源资源优化配置，建设的跨国"网对网"互联项目。

跨国送电项目重点跟踪"一带一路"沿线大型能源基地开发进展，积极寻求发输一体化潜在项目。 蒙古的太阳能、风电基地，中亚地区的风电、太阳能和燃气发电基地，北非地区的太阳能基地等，均具有较大跨国送电潜力，发输一体化项目具有较好的经济和联网效益，电源开发需要配套跨国电网建设，统一规划、统一推进。跨国送电项目重点关注意大利－突尼斯联网、中国与周边国家联网等项目。

区域互联项目重点跟踪西亚、东盟、中东欧、东非等区域合作组织推行的统一电网规划，推动构建坚强的区域统一电网。 西亚和中东欧之间、西亚和北非之间、中亚和南亚之间、东南亚内部等区域，能源资源禀赋和用电需求具有较强的互补性，区域内部电网互联潜力巨大，可在小规模、低电压等级的区域互联基础上扩大联网规模，通过坚强的区域统一电网实现区域内部更大范围的能源资源优化配置。区域互联项目重点关注埃及沙特联网、亚欧联网（希腊—突尼斯—以色列）、东南亚电网互联等项目。

从联网方式来看，要根据跨国联网的类型，综合论证交流、直流输电的技术经济特性，选择适宜的跨国联网方式。对于跨国送电项目，根据输电距离、输电容量、经济性、是否需要与沿途电网功率交换等需求，确定最适宜的电压等级和输电方式。在满足相同输电容量的前提下，直流远距离输电的经济性优于交流，因此中短距离输电适宜采用交流方式，中长距离输电适宜采用直流方式。对于区域互联项目，也要综合考虑是否同步联网、输电安全性、经济性、可靠性和对环境的影响等因素，确定整体最优的输电模型，宜直流则直流、宜交流则交流。通常来说，非同步运行的交流系统互联、远距离大功率互联适合采用直流联网，同步电网互联、需要中间落点功率交换、输电距离较短情况下宜采用交流联网。

（三）中国电力企业参与方式

规划先行，加强与区域合作组织及相关国家政府在电网规划领域合作，积极参与相关国家的电网建设规划和跨国联网规划。主动对接沿线相关国家政府部门、区域性国际组织、电网合作组织，帮助相关国家制订电力发展规划和电力项目开发计划，积极参与东盟、中亚、中东欧重大电力基础设施项目规划合作，掌握各国和区域电网互联趋势，取得市场先机。

创新模式，充分发挥上下游一体化优势，以投资、工程承包、装备供货、运营管理、技术咨询等多种方式参与电网互联互通项目，探索通过PPP等模式解决沿线国家资金短缺问题。"抱团出海"组成"设计＋工程＋供货＋融资"一体化综合业务体。针对"一带一路"沿线国家资金缺乏的现状，充分发挥中国电力企业资信、资金优势，在风险可控的前提下通过BLT、BOO、BOT、BOOT等广义PPP模式参与沿线电网互联互通项目。

循序渐进，在电力工业基础比较薄弱的国家先从国内电网升级改造、低电压等级跨国电网入手，待电力需求提升后再升级、扩建为高电压跨国电网。针对电力行业比较落后的沿线国家，短期内电网互联互通以缓解能源贫困、降低无电人口、提升电气化水平为目标，通过跨境消纳水电和新能源、拓展电网覆盖范围、发展分布式能源等措施，实现沿线国家的国内电网互联，以及中、低电压等级的跨国互联，为将来大规模、高电压等级的跨国电网互联和洲际电网互联奠定基础。

积极稳妥，优先推动经济性好、条件成熟、风险较小的项目，确保项目具有成熟的商业模式和可持续盈利能力，高度重视风险防范。对沿线电网互联互通项目进行详尽的技术经济可行性评价，确保项目具有经济性和竞争力，能够长远可持续发展，避免项目长期依靠政府补贴维持。通过恰当的合作模式与当地政府及当地合作伙伴实现利益捆绑，积极争取相关国家政府在外交、税收、土地使用等方面的政策支持，提升项目的经济性。

依托国家战略，借助外交力量，加强与新型国际金融机构合作。服从和服务于"一带一路"建设、构建人类命运共同体等国家战略，充分利用我国政府搭建的外交平台，提升电网合作层次。选择具有示范效应、具有战略意义的跨国联网项目，引入亚洲基础设施投资银行、丝路基金、金砖国家新开发银行等新型国际金融机构的资金，拓展资金来源，扩大项目影响力。

参 考 文 献

［1］American Council on Rnewable Energy（ACORE）. American Reneable Investment.

［2］American Public Power Association. Electricity Basics，2018.

［3］BMI Research. https：//bmo. bmiresearch. com.

［4］EIA. Electric Power Monthly，June 2018.

［5］Ernst ＆ Young（EY）. Power transactions and trends. 2017.

［6］GlobalData Power. https：//power. globaldata. com.

［7］International Monetary Fund（IMF）. DataMapper，2018.

［8］United Nations Conference on Trade and Development（UNCTAD）. World Investment Report 2018.

［9］中华人民共和国商务部对外投资和经济合作司．对外投资合作国别（地区）指南，2017.

［10］高国伟，马莉，徐杨．中国与"一带一路"沿线国家能源合作研究．北京：人民日报出版社，2017.